DARKSIDE

A Little Bit of Astrology: An Introduction to the Zodiac
Copyright © 2018 by Colin Bedell
Cover © 2018 Sterling Publishing Co., Inc.
Todos os direitos reservados.

Tradução para a língua portuguesa
© Verena Cavalcante, 2023

Diretor Editorial
Christiano Menezes

Diretor Comercial
Chico de Assis

Diretor de MKT e Operações
Mike Ribera

Diretora de Estratégia Editorial
Raquel Moritz

Gerente Comercial
Fernando Madeira

Coordenadora de Supply Chain
Janaina Ferreira

Gerente de Marca
Arthur Moraes

Gerente Editorial
Marcia Heloisa

Editora
Nilsen Silva

Adap. Capa e Proj. Gráfico
Retina 78

Coord. de Arte
Eldon Oliveira

Coord. de Diagramação
Sergio Chaves

Designer Assistente
Ricardo Brito

Finalização
Sandro Tagliamento

Preparação
Flora Manzione

Revisão
Cris Negrão
Victoria Amorim

Impressão e Acabamento
Ipsis Gráfica

DADOS INTERNACIONAIS DE CATALOGAÇÃO NA PUBLICAÇÃO (CIP)
Jéssica de Oliveira Molinari - CRB-8/9852

Bedell, Colin
    Manual prático da astrologia / Colin Bedell : tradução Verena
Cavalcante. — Rio de Janeiro : DarkSide Books, 2023.
    128 p. : il.

    ISBN: 978-65-5598-310-4
    Título original: A Little Bit of Astrology

    1. Astrologia 2. Espiritualidade 3. Ciências ocultas
    I. Título II. Cavalcante, Verena

23-4419   CDD 133.5

Índice para catálogo sistemático:
1. Astrologia

[2023]
Todos os direitos desta edição reservados à
DarkSide® Entretenimento LTDA.
Rua General Roca, 935/504 — Tijuca
20521-071 — Rio de Janeiro — RJ — Brasil
www.darksidebooks.com

MAGICAE APRESENTA

MANUAL PRÁTICO DA
ASTROLOGIA

COLIN BEDELL

TRADUÇÃO VERENA CAVALCANTE

DARKSIDE

Para Tansy Lea Stowell, minha virginiana.
Tenho minha vida em minhas mãos
e seu amor no meu coração.

MANUAL PRÁTICO DA
ASTROLOGIA

SUMÁRIO

INTRODUÇÃO:
"O QUE ESTÁ EM CIMA É COMO
O QUE ESTÁ EMBAIXO" 7

1 **ASTROLOGIA "OCIDENTAL":
UM PANORAMA HISTÓRICO** 12

2 **CONHEÇA OS LUMINARES E OS PLANETAS** 18

3 **ELEMENTOS DO ZODÍACO:
FOGO, TERRA, AR E ÁGUA** 28

4 **AS CARACTERÍSTICAS:
CARDINAIS, FIXAS E MUTÁVEIS** 54

5 **MAPAS DO AMOR:
QUESTÃO DE "COMPATIBILIDADE"** 84

6 **ASSISTÊNCIA ASTROLÓGICA:
PLANEJANDO OPORTUNIDADES** 94

7 **PONTO CÁRMICO: OS NODOS NORTE E SUL** 102

CONCLUSÃO:
"O EXTERIOR É REFLEXO DO INTERIOR" 113

AGRADECIMENTOS 119

ÍNDICE REMISSIVO 122

SOBRE O AUTOR 127

MANUAL PRÁTICO DA
ASTROLOGIA

INTRODUÇÃO:
"O QUE ESTÁ EM CIMA É COMO O QUE ESTÁ EMBAIXO"

Em agosto, durante uma onda de calor escaldante, abri a porta da minha casa em Long Island com um chute e marchei diretamente até mamãe para contar a ela sobre o meu novo sonho. Eu tinha então 12 anos de idade.

Graças à sensibilidade de seu coração materno, ela escutou tudo com atenção, perguntando em seguida: "O que é que eu vou fazer com esse meu filho geminiano?". Ao ouvir isso, corri para ligar o computador da minha irmã gêmea e digitei "G-E-M-I-N-I-A-N-O" com um dedo só. Quando cliquei no botão de pesquisa, minha busca tinha chegado ao fim. A astrologia me encontrou. E agora, encontrou você também. Se o estudo dos astros é do que você precisa, você saberá. Acredite. Caso contrário, você não estaria aqui, orbitando este livro. Sendo assim, tenho a honra de lhe dar as boas-vindas à astrologia — um sistema metafísico milenar, baseado nos padrões dos movimentos planetários dentro das constelações do zodíaco, que tem o potencial de apresentar perspectivas individuais, de reciprocidade nos relacionamentos e um entendimento aprofundado do tempo necessário para reaver o propósito de sua alma.

Desde que comecei a observar os astros, fico deslumbrado com a forma como me ajudam a compreender minhas experiências na Terra. Embora não possa ser considerado uma cura para as dificuldades e incertezas da vida, o estudo da astrologia tem me fornecido ferramentas muito práticas para entender o passado, o presente e o futuro — não só no campo psicológico, como também no emocional e no comportamental.

Na época em que este livro foi escrito, eu já estudava a astrologia "ocidental" há quinze anos. Sou profundamente grato pelas contribuições dadas por meus colegas do passado e da contemporaneidade dessa escola de pensamento. Ao aplicar às minhas decisões as teorias preexistentes dos astrólogos, posso enxergar todos os seus acertos. Contudo, também consigo ver onde erraram a mão — ao usar uma linguagem pouco acessível, dogmatismo e um excesso intencional de exclusividade. O feedback mais categórico que costumo ouvir sobre a astrologia, por exemplo, diz respeito ao quanto é fatalista e como faz uso de uma linguagem capciosa.

Por isso, minha intenção com este livro é fazer um convite. Quero convidá-lo a acessar, de forma fácil, diversas teorias e métodos astrológicos focados no bem-estar individual e relacional. Como cada pessoa acessa a astrologia de maneira diferente, meus métodos são históricos, técnicos e muito metafóricos. Acredito que o contexto seja a chave para o sucesso do aprendizado, e é por isso que desejo apresentar toda uma gama de possibilidades.

Afinal de contas, o zodíaco é uma história — com mensagens embutidas e codificadas — que podemos aprender para usarmos nas nossas tomadas de decisões. Embora a astrologia tenha o potencial de oferecer um rico senso de humor para todo tipo de experiências e momentos místicos, também é importante lembrar que não é uma brincadeira. É, na verdade, um método ancestral que ajuda a compreender leis que poderiam, de certa forma, operacionalizar o universo. Isso é uma grande coisa. Por essa razão, durante toda a sua prática, a astrologia merece respeito e uma percepção crítica.

Minha esperança é que este livro possa ajudá-lo a compreender como cada signo, especial e único à sua maneira, tem uma função específica atribuída pelo universo. Nas minhas pesquisas teóricas e empíricas, encontrei alguns novos padrões dentro dos doze arquétipos do zodíaco. Neste *Manual Prático de Astrologia*, você não encontrará análises enfadonhas como observações sobre a teimosia dos taurinos ou a sensibilidade dos cancerianos. Afinal, será que existe alguém que não seja teimoso quando algo envolve suas paixões? Há alguém que não se mostre sensível ao expor suas feridas psíquicas?

Para aproveitar ao máximo a análise astrológica neste pequeno livro, explorarei o zodíaco através da combinação específica de cada signo com seu elemento (Fogo, Terra, Ar e Água) e sua modalidade (cardinal, fixa e mutável). Enxergo os elementos como o molde do signo e a modalidade como seu conteúdo, sua função sob a forma.

Relegar apenas um signo por capítulo falharia em honrar a abrangência e a interrelação deste sistema. Por isso, neste livro, a exploração da astrologia é cronológica e cumulativa. Dessa forma, uma vez que cada signo é um elo entre o elemento e a característica, compreender esse método que vê o *elemento como forma* e a *característica como função* permitirá ao leitor fazer uso dessa chave-mestra a fim de superar rapidamente o lado intimidador da astrologia.

Nenhuma conversa significativa sobre astrologia está completa sem um amplo entendimento dos luminares — o Sol e a Lua — e dos outros oito planetas. Dada sua influência sobre nossas vidas, cada planeta podia encher um livro de mais de duzentas páginas. Quando digo "Sou de Gêmeos", o que realmente quero dizer é: "Nasci quando o Sol estava passando pela constelação de Gêmeos". Além de abordar o que cada planeta é capaz de identificar na sua vida pessoal, também mencionarei áreas externas regidas pelos luminares e planetas para que, durante uma importante transição, você consiga manter o foco naquilo que é relevante.

Este livro pode ser curto, mas seu objetivo é ajudar o leitor a entender os principais conceitos astrológicos a fim de encontrar ferramentas que auxiliem na solução das grandes perguntas da existência. Com esse intuito, muitos astrólogos decodificam, durante consultas, leituras e previsões de horóscopo, um símbolo chamado mapa astral. Chamado popularmente só de "Mapa", é uma tabela muito precisa da posição do Sol, da Lua e dos outros oito planetas do zodíaco, em suas respectivas localizações e horários específicos. O mapa astral é, basicamente, a posição em que estavam os astros quando você respirou pela primeira vez. Esse mapa é composto de um círculo dividido em doze casas iguais, cada uma delas envolvendo questões-chave para compreender temas cruciais da sua vida, como carreira e vida amorosa.

Nessa seção específica, explicarei como interpretar seu mapa astral, para que assim você possa identificar importantes períodos de oportunidades e planejar eventos com uma ajudinha do infinitamente poderoso universo. Mal não faz, não é?

Aposto (e apostaria dinheiro, inclusive) que o tópico mais requisitado nas consultas astrológicas é o amor. Ou, como costumamos chamar na nossa escola de pensamento constelado, questões de compatibilidade. Neste livro, eu ajudarei o leitor a enxergar como a distância entre os signos é apenas outro mapa que você precisa conhecer para se aproximar de alguém. Contudo, ainda que incorporar o vocabulário astrológico no seu dia a dia auxilie na sua competência amorosa, isso não garante, de forma alguma, um relacionamento de sucesso.

Pensando em todas essas coisas, me abstive de usar "isso ou aquilo", "bom *versus* mau", compatibilidade "positiva ou negativa". Qualquer pessoa que tenha vivenciado uma conexão significativa com alguém sabe que esses paradigmas são simplistas demais para avaliarmos uma relação de sucesso. Acredito que todos os signos do zodíaco podem ensinar e aprender uns com os outros. Sendo assim, se, apesar do tempo, o resultado desse aprendizado for amor recíproco, simplesmente abrace-o!

Uma das perguntas que mais recebo, sem dúvidas, é: "O que você gostaria de dizer para os céticos?". No que me diz respeito, a "crença" de outras pessoas não é da minha conta como e significa absolutamente nada. O único determinante eficiente do sistema de crenças de alguém é a forma como ele se traduz dentro da experiência única de cada um. O que sei é: quando sigo os princípios propostos pela astrologia (como o fato de que o universo foi arquitetado para a nossa autorrealização), quando reconheço a santidade de cada signo do zodíaco e confio na agenda cósmica do universo, minha vida funciona melhor. Dessa forma, minha experiência reflete a validade das minhas crenças.

Minha esperança é que você possa aplicar os conhecimentos encontrados neste livro dentro de suas próprias crenças e ver se sua experiência é capaz de determinar o seu sucesso. Talvez, é claro, você se sinta meio solitário enquanto navega por esse mundo cósmico, uma vez que muitas pessoas possam sentir desprezo pela área sem nunca terem tirado um tempo para se debruçar sobre o assunto por conta própria. Mas não se importe com elas. Concentre-se em desfrutar a experiência de viver sua vida em alinhamento com as estrelas e aproveite-a — este é o paraíso na Terra.

1
Astrologia "Ocidental": Um Panorama Histórico

MANUAL PRÁTICO DA
ASTROLOGIA

NOSSO SOFISTICADO HORÓSCOPO É TIDO COMO "a ciência mais antiga da humanidade". Sempre que você o lê na coluna de um jornal ou pergunta a alguém "Qual é o seu signo?", é como se estivesse viajando no tempo através de um relógio milenar que desponta em 1800 AEC, na Babilônia e na Assíria da antiga Mesopotâmia, no terceiro milênio, logo após os sumérios terem registrado as constelações.

Em um esforço para se relacionarem com todas as eras do planeta — caso contrário, você sequer estaria lendo estas palavras —, os antigos babilônios estavam tentando compreender o sentido do passado, do presente e do futuro.

Naquela região, situada no atual Iraque, esse povo, com uma heroica e minuciosa atenção aos detalhes, passou a enxergar as estrelas com olhos de um refinado artista. Eles começaram a observar e identificar os movimentos celestes e os fenômenos aparentemente mundanos que ocorriam dentro de um específico espaço de tempo. Reunindo-os em setenta tabuletas intituladas *Enuma Anu Enlil* (nomes de deidades), os babilônios catalogaram o zodíaco — os doze signos — e aproximadamente sete mil padrões que englobavam desde forças astronômicas, como a da Lua e a do Sol, até possíveis influências de forças meteorológicas em experiências interpessoais e políticas. Estudiosos costumam se referir a esses padrões como "presságios", algo que pode ser definido como "um evento considerado bom ou mau".

A menos de dois mil quilômetros de distância da Babilônia, os antigos egípcios desenvolviam seu próprio calendário cósmico. Contudo, sem uma quantidade significativa de artefatos ancestrais para validarem sua participação na astrologia, os egípcios costumam receber menos crédito em comparação ao povo mesopotâmico, principalmente no que diz respeito à teoria e à simbologia, ainda que tenham sido capazes de desenvolver um calendário preciso para examinar os movimentos dos planetas e dos luminares. Os povos egípcios foram os primeiros a entender que levava trezentos e sessenta dias, aproximadamente, para a Terra completar uma volta ao redor do Sol; o equivalente a um ano do calendário.

Assim as tradições encontradas no calendário egípcio e nos padrões babilônios se fundiram, presumivelmente, na cidade de Alexandria, no Egito. Ali a Astrologia Helênica tomou forma. Seus conceitos serão explorados mais adiante neste livro, como o uso das casas astrológicas dentro do mapa astral. Cláudio Ptolomeu, um célebre matemático, poeta e astrólogo de Alexandria, apresentou na sua série de "quatro livros", *Tetrabiblos*, uma relação mais causal entre as estrelas e a vida na Terra. Ptolomeu difundiu a técnica de medida do Zodíaco Tropical, usada até hoje pela maioria dos praticantes contemporâneos da astrologia.

O Zodíaco Tropical é o principal sistema de referência utilizado para verificar as datas fixas dos doze signos astrológicos. Então, da próxima vez que você encontrar uma notícia dizendo "Seu signo do zodíaco mudou...", lembre-se de que isso não é verdade, pois, para os astrólogos, os signos são consistentes independentemente da direção do tempo.

Nos dias que se seguiram ao colapso do Império Romano, a astrologia também sofreu uma queda. "O que está em cima é como o que está embaixo", certo? Nessa conjuntura, algumas centenas de anos depois do surgimento de Jesus, o cristianismo já havia se tornado a doutrina preferida da Europa. Assim, Santo Agostinho se sentiu inspirado a escrever a obra *Confissões*, "O impulso de pecar é oriundo dos céus" e "(...) foi Vênus, Saturno ou Marte que causaram isso". Uma vez que Santo Agostinho acreditava que somente os céus podiam determinar o pecado, ele chamava os astrólogos de "Impostores".

Porém, a astrologia não continuou nas sombras da Idade das Trevas por muito tempo. Em 1485, São Tomás de Aquino decretou, na sua *Suma Teológica*, que "... os corpos celestes são a causa dos atos humanos... sendo assim, a adivinhação por meio dos astros não é ilícita". A Renascença ressuscitou a astrologia por toda a Itália, e até mesmo na Cidade do Vaticano. Em 1495, o Papa Leão X criou uma cadeira de astrologia na Universidade "La Sapienza" de Roma; e, como recorda Jean Seznec, o zodíaco, as constelações e os planetas "desempenham um papel curiosamente relevante" na decoração do Vaticano: o cofre do Salão dos Pontífices nos apartamentos Bórgia, decorados a mando do Papa Leão X, exibe os nomes dos sucessores de São Pedro cercados de símbolos celestiais.

Ao longo dos trezentos anos que se seguiram, o interesse pela astrologia e a prática dela continuaram inconsistentes ao redor do mundo, em especial por ela ser legalmente definida como uma forma de "adivinhação do futuro" e, portanto, ilegal tanto na Europa quanto nos Estados Unidos.

Todavia, decepcionada com o governo americano imperialista e sua participação na Guerra do Vietnã, a juventude dos anos 1960, munida do livro *Be Here Now*, de Ram Dass, em uma mão, e de um cartaz escrito "All You Need Is Love" na outra, abriu as portas para que a astrologia retornasse aos Estados Unidos e fizesse parte da cultura popular. Nesse contexto, alguns historiadores de ocultismo notaram algo fascinante: um padrão envolvendo tempos de guerra e o crescimento do consumo de tradições metafísicas. Aparentemente, sempre que nos vemos cercados de imagens de morte e sofrimento, costumamos fazer questionamentos existencialistas, como: "Será que existe outro caminho?".

Publicado em 1968, no mesmo ano em que Martin Luther King Jr. e Robert Francis Kennedy foram assassinados, *Sun Signs*, de Linda Goodman, um texto inspirador da Nova Era, foi um dos principais responsáveis pelo avanço do movimento astrológico durante a década de 1960. *Sun Signs* foi o primeiro e único livro sobre astrologia a se tornar um *best-seller* do *New York Times*, até que a autora lançasse a continuação: *Love Signs*.

Muitas pessoas, aliás, têm se perguntado se a vida contemporânea está colaborando para um ressurgimento do interesse pela astrologia. O artigo "Why Are Millenials So Into Astrology?" ["Por que os Millenials Curtem Tanto Astrologia?"], publicado no *The Atlantic*, sugere que o consumo da astrologia cresceu nos últimos tempos em comparação ao passado. Pode ser cedo demais para afirmar isso, mas não acho que seja apenas um maior interesse, mas sim um enorme aumento do acesso às mídias digitais.

O que anteriormente foi inscrito em setenta tabuletas na Antiga Mesopotâmia é hoje digitado e publicado em infindáveis livros, sites, vídeos, podcasts etc. Esse acesso expandido está, de forma muito semelhante aos anos 1960 nos Estados Unidos, ocorrendo em uma época na qual a maioria da juventude não se sente alinhada às doutrinas religiosas ou às posições políticas. Nenhuma novidade, né? Mais uma vez, a astrologia traz consigo verdades complementares, extraterrenas, para um período difícil e complicado da humanidade.

2
Conheça os Luminares e os Planetas

MANUAL PRÁTICO DA
ASTROLOGIA

E M TODOS OS MOMENTOS E DIREÇÕES DO TEMPO, todos os planetas, o Sol e a Lua — chamados de luminares — se mantêm em movimento, a partir da perspectiva da Terra, dentro das doze constelações do zodíaco. Nesse estágio introdutório do seu aprendizado, não é necessário saber o mecanismo astronômico que explica como isso acontece; basta apenas entender que o relógio cósmico está sempre contando as horas. Em menos de duas horas, por exemplo, a constelação de um signo surge no horizonte ao extremo oriental da Terra. Assim, em vinte e quatro horas todos os signos do zodíaco nascem e se põem. O que é lindo.

Os luminares e os planetas são os principais objetos de estudo da astrologia. Conhecê-los profundamente é a base para uma pesquisa significativa sobre essa corrente de pensamento. Para ajudar a compreender o papel dos planetas e dos luminares, irei conduzi-los neste livro como se fossem músicos em uma orquestra, pois acredito que a astrologia representa a sinfonia do universo. E por que não conectar de forma metafórica a astrologia — um tema que muitos podem achar complicado e inacessível — à música? É uma arte na qual depositamos um profundo investimento emocional.

Graças ao nosso livre-arbítrio, podemos escolher ouvir ou nos sintonizar à melodia dos planetas. Se prestarmos atenção, podemos ouvir a orquestra tocar em harmonia e também alguns momentos propícios para os solistas. Ao pensar nos papéis dos luminares e dos planetas, imagine-os tocando sempre em conjunto, porém tenha em mente que algumas vezes a atenção da plateia se voltará ao solista de um planeta específico.

Sempre que um planeta entra em movimento retrógrado, é preciso se concentrar no solista. Isso porque os planetas retrógrados são muito favoráveis ao desenvolvimento pessoal. Ainda que Mercúrio retrógrado seja a transição mais amplamente discutida na cultura popular, é importante saber que todos os planetas têm épocas de retrogradação. Esses períodos são bastante poderosos para prestarmos atenção e compreendermos como certo planeta influencia nossas experiências de vida. Quando a dinâmica planetária deixa de ser direta e rápida, o horóscopo exige a integração de suas características no nosso processo de tomada de decisão.

Para contribuir para o sucesso do seu aprendizado, primeiro abordarei o papel de cada um dos astros em nível pessoal, no conteúdo do mapa astral — que é a representação gráfica do céu no momento do seu nascimento —, explorando todas as áreas identificadas na astrologia personalizada; e, no nível impessoal, falarei também das transições planetárias.

De agora em diante, tente se imaginar na plateia de um concerto. Você enxergará os luminares e planetas como musicistas do universo e a astrologia como a sinfonia que tocam. Assim que absorver essa ideia, você conseguirá alinhar o que aprender aos temas dos signos que serão explorados nos próximos capítulos. Assim você terá conhecido todas as ferramentas para atingir seu sucesso cósmico.

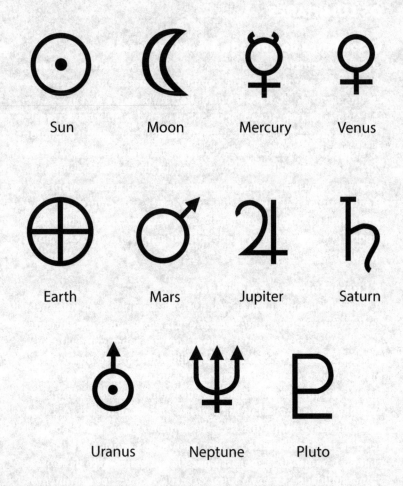

(Da esquerda para a direita, de cima para baixo: Sol, Lua, Mercúrio, Vênus, Terra, Marte, Júpiter, Saturno, Urano, Netuno e Plutão.)

CONHEÇA OS LUMINARES E OS PLANETAS

OS LUMINARES

O Sol: Força de Vontade & Autoexpressão

O Sol é o centro da nossa galáxia e o núcleo radiante e ardente das funções astrológicas. Ele completa, mensalmente, a transição de um signo do zodíaco a outro. Portanto, o que dizemos ser o seu signo diz respeito ao signo sobre o qual o Sol estava transitando na ocasião do seu nascimento. Imagine que ele é o condutor da orquestra. A posição do Sol representa onde recebemos nossa "luz", nosso entendimento e nosso poder dinâmico. Podemos enxergar essa posição como um ponto de acesso para a compreensão da estrela vital que nos guia para o sucesso. Sempre que o Sol inicia uma transição a um novo signo, uma vez a cada trinta dias, a percepção do zodíaco tende a focar nas ideias que esse novo signo carrega.

A Lua: Intuição & Emotividade

A Lua, o belo epicentro do céu da noite, completa sua volta pelo zodíaco em vinte e oito dias e meio. Ela passa, aproximadamente, dois dias e meio em cada signo. É crucial saber em qual constelação do zodíaco a Lua estava brilhando durante nosso nascimento. Nosso signo lunar representa nossa casa. Ele rege nosso lar, nosso contexto de segurança emocional, nossos preciosos relacionamentos com a família e nossas figuras maternas. A Lua é uma musicista muito difícil de discernir no palco, mas é possível senti-la instintivamente e saber quando sua música está preenchendo o auditório. É por isso que ela é o marco zero das nossas vulnerabilidades. O signo lunar é o espaço onde nos sentimentos felizes e seguros, mas também onde reagimos ao medo, em forma de combate, fuga ou paralisia. Uma vez que a Lua faz previsões sobre hábitos emocionais, alinhar ideias e projetos aos ciclos lunares é uma prática muito eficaz.

OS PLANETAS

Mercúrio: Consciência & Comunicação

Primeiro planeta da nossa galáxia, Mercúrio é pequeno, veloz e incrivelmente quente. Sua proximidade do fogo do Sol o deixa mais perto do nosso signo solar, razão pela qual rege nossa cognição. É Mercúrio que delineia a forma como percebemos nossas experiências, comunicação verbal e não verbal e mobilidade física. Uma vez que a comunicação é o cerne de cada experiência da vida, o trânsito de Mercúrio costuma ser consistente, deliberado e traz consigo esforços cumulativos do universo para ajudar a elevar nossas práticas envolvendo o pensamento, a fala e a escuta. É por isso que imagino Mercúrio como os instrumentos de sopro; é necessário um fôlego preciso para tocá-los e para falar/ouvir. Quando está direto, Mercúrio passa cerca de três semanas em cada signo. Por outro lado, ele se torna retrógrado de três a quatro vezes por ano, a fim de auxiliar no fortalecimento de nossa capacidade de entregar, liberar e integrar informações.

Vênus: Harmonia & Prazer

Eu diria que os tópicos que envolvem Vênus — amor romântico e dinheiro — são o melhor convite para conhecer a astrologia. Prometo não cortar o barato de ninguém aqui! Como minha mentora Maria DeSimone sempre diz: "... quem é que não gosta de faturar e transar?". Segundo planeta depois do Sol, Vênus é quem embeleza nossa relação com outras pessoas, nos dá maior clareza acerca de nossos valores e ajuda a definir nossa segurança financeira. Conhecido como um planeta "benéfico", se Vênus fosse um instrumento, com certeza seria um piano. Existe algo mais belo do que ouvir um pianista tocar? Os trânsitos de Vênus costumam ser favoráveis. Ele passa por um signo aproximadamente a cada três semanas e meia. Costuma auxiliar na compreensão dos relacionamentos românticos atuais e futuros e indicar quando nossa prosperidade financeira pode ser fortalecida. Vênus se torna retrógrado a cada dezoito meses, por cerca de quarenta dias. Esses são poderosos períodos de reflexão que devem ser usados para rever e reestruturar a dinâmica dos relacionamentos, aceitar desculpas e oferecer perdão, além de garantir sua estabilidade econômica.

Marte: Iniciativa & Ação

O tema de Marte, o planeta vermelho, é o que está no nosso sangue. É o combustível do nosso sistema nervoso. Marte brilha seu fogo e sua glória em todos os lugares, pessoas, situações e eventos que fazem com que as células do nosso corpo ganhem vida. Por meio de nossas respostas emocionais, podemos agir de maneira inspirada e viver existências cheias de bravura e coragem. Ele também explica nossa conexão ao controle dos conflitos interpessoais. Por isso, Marte, para mim, estaria na percussão, marcando o tempo da orquestra. Esse planeta passa por cada signo a cada quarenta dias, e esse trânsito inspira todo o zodíaco a agir de forma reflexiva acerca de suas motivações psicológicas para alcançar o resultado desejado. Contudo, como sabemos que cometemos nossos piores erros ao agirmos rápido demais, Marte retrógrado acontece a cada dois anos, por dois meses e meio, para nos ajudar a desenvolver nosso controle de impulsos e nossa paciência.

Júpiter: Expansão & Sabedoria

Maior planeta do nosso sistema solar, o imponente Júpiter relembra o zodíaco de que o idealismo e a inteligência fortificam nossas habilidades e expandem a probabilidade de alcançarmos toda a nossa excelência pessoal. Assim como Vênus, um planeta de relações, Júpiter é bastante benéfico. Dessa forma, nosso signo em Júpiter trata das "salas de aula", filosofias e matérias-primas espirituais que podem auxiliar no nosso crescimento. No quesito música, Júpiter, sem dúvida, faria parte do naipe de metais, gigante e magnânimo como a tuba e o saxofone, dando a base para a sinfonia. Primeiro planeta externo que discutimos nesta viagem espacial, Júpiter leva onze meses e meio para passar de um signo a outro. Por cerca de quatro desses meses, ele se torna retrógrado. Esse tempo de parada nos inspira a fechar quaisquer livros teóricos que estejamos lendo sobre desenvolvimento pessoal e aplicar a teoria em práticas comportamentais para absorvê-las o máximo possível.

Saturno: Disciplina & Integridade

Não tema a complacente foice de Saturno ou os arrepios que dominam seu corpo ao ouvir a expressão "O Retorno de Saturno". Ele comanda as regras. Sendo assim, o signo regido por esse planeta lida com regras atemporais de respeito, responsabilidade, disciplina e integridade. É por isso que imagino Saturno como o trompete e os trombones. São os instrumentos que informam à plateia a presença da autoridade. Como há uma perigosa impopularidade desses valores, não somos encorajados a levar a vida a sério. O trânsito de Saturno costuma levar dois anos e meio, e nesse movimento ele reestrutura as instituições até que não nos reste escolha exceto encarar a música com seriedade e validar sua legitimidade. Se a integridade estiver em falta, a cortante foice de Saturno fatiará todas as nossas ilusões a fim de que possamos recomeçar. No fim das contas, a retrogradação de Saturno, que ocorre anualmente e dura cinco meses, nos dá tempo de reconstruir.

Urano: Alternativa & Liberação

Agora que você está ciente das regras de Saturno, pode quebrá-las com a ajuda de Urano. Urano é a emancipação. Ele identifica as normas e estruturas da sociedade que parecem absurdas e não se encaixam e simplesmente as descarta. Urano é o guitarrista solo que pula do fundo da orquestra e arrebata a plateia fazendo uma transição de música clássica para um hino do rock. Urano passa por um signo a cada sete anos, inspirando liberdade e possibilidade. Seu trânsito nos recorda que a inovação está sempre esperando ser invocada se nos mantivermos curiosos, receptivos, adaptáveis e resilientes à sua energia. Urano também nos lembra que a única constância da vida é a mudança. Quando Urano se torna retrógrado, de cinco a seis meses por ano, os signos do zodíaco devem rever suas atitudes e comportamentos acerca de tudo o que envolve mudança, incerteza e inovação.

Netuno: Espiritualidade & Criatividade

De onde surgem nossos impulsos criativos? Os antigos diziam que vinham das musas. Concordo. Acredito que todos recebemos visitas das musas de Netuno sob a forma de imagens, sons, sentimentos e momentos de epifania. Essas dicas intuitivas de inteligência extraterrena são a forma que Netuno encontra de direcionar nossa criatividade. Para mim, ele está na família das cordas, deslumbrando os espectadores com o violino. Netuno nada em um mesmo signo por catorze anos, e sua presença nos lembra que, embora a criatividade possa ser estimulada por uma inteligência sobrenatural, ela deve estar a nosso serviço no mundo físico. Que paradoxo! Por fim, o Netuno retrógrado dura cerca de seis meses e nos dá a possibilidade de colocar em prática a inspiração recebida.

Plutão: Intimidade & Transformação

Tenho certeza de que a equipe da NASA é muito competente, mas ignore tudo o que ela diz sobre Plutão. Na astrologia, ele ainda é considerado um planeta. O menor e mais distante de todos, Plutão governa o inconsciente, as ideias que temos dificuldade de acessar dentro de nós mesmos. É semelhante a um harpista, trazendo consigo uma sutil grandiosidade. Ele transita em cada signo por um período de catorze a trinta anos, em média. Porque as relações íntimas trazem à baila nossas histórias inconscientes — em teoria, vedadas em um recipiente selado —, a intimidade de Plutão nos permite certa transformação, pois resgata visões do inconsciente para a consideração da mente consciente. Não há período mais potente para cura pessoal do que o de Plutão retrógrado, uma viagem para o submundo que dura cerca de sete meses.

Elementos do Zodíaco: Fogo, Terra, Ar e Água

MANUAL PRÁTICO DA
ASTROLOGIA

PARABÉNS POR TER CHEGADO AO FIM DA LIÇÃO sobre luminares e planetas! Agora que você já conhece os músicos do universo, será capaz de escutar a melodia com mais atenção. Na música, primeiro se evoca a emoção por meio do som e da letra, e então podemos acessar a arte por trás desses conceitos. Na astrologia, por sua vez, é a energia dos quatro elementos do zodíaco que se apresenta primeiro: Fogo, Terra, Água e Ar. Eles despertam novas percepções acerca de situações expansivas presentes nas nossas vidas. Os planetas se regozijam enquanto compõem a sinfonia do Fogo, da Terra, do Ar e da Água. Eles tocam em perfeita harmonia, acompanhando a pulsação do universo.

Aprender sobre os quatro elementos do zodíaco é uma forma bastante útil de compreender os temas e padrões de cada signo, uma vez que já sabemos o que são o Fogo, a Terra, o Ar e a Água. Nenhum conceito astrológico ocorre de forma isolada. Desse modo, a seguinte explicação sobre os elementos tem valor não só cronológico como também cumulativo. Para escutar melhor essas quatro canções, precisamos primeiro ouvir com nossos corações e imaginar que emoções sentimos quando estamos na presença do fogo, da terra, do ar e da água. Uma vez que o planeta é o músico e o elemento a música que toca, os signos do zodíaco se tornam as histórias das quais nos lembramos quando escutamos a sinfonia astrológica.

Agora vamos nos lembrar do poder do fogo. Recorde momentos passados na companhia da chama de uma vela ou em um círculo de tambores ao redor de uma fogueira. A glória do fogo existe porque ele tem a coragem de brilhar em contraste com a escuridão. Por outro lado, pense na segurança e no conforto da terra. É quase como ouvir jazz em um dia chuvoso. Você quase consegue sentir seu corpo se tornar terra firme. A terra é sempre consistente e confiável quando revela sua majestade a cada primavera. É como um abraço do universo. Porém, sempre que penso em graça, penso no ar, na brisa elegante que só pode ser sentida, nunca vista ou tocada. O ar é a alegria de uma inspiração profunda nos meus pulmões. Seguro meu fôlego o máximo possível para chegar à purificação da água. Como lágrimas escorrendo pelo rosto ou como a água que corre, apressada, saindo do chuveiro, nosso respeito pela água envolve a habilidade de limpeza desse elemento. Não há nada melhor para restaurar nossas energias do que boiar no oceano sob um sol de verão.

Com a melodia dos elementos tocando, conduzirei os músicos e o zodíaco, reunindo cada um dos doze signos a seu elemento apropriado a fim de que você possa ler as histórias correspondentes. Em adição, neste capítulo introduzirei o conceito de regência astrológica e planetária envolvendo os signos. Lembre-se de conectar o propósito e a identidade dos luminares e planetas com a explicação do zodíaco para que as constelações se alinhem diante dos seus olhos nessas páginas. Porém, antes de tudo, segue o calendário solar cronológico:

ÁRIES: 21 de março – 20 de abril

TOURO: 21 de abril – 21 de maio

GÊMEOS: 22 de maio – 21 de junho

CÂNCER: 22 de junho – 22 de julho

LEÃO: 23 de julho – 23 de agosto

VIRGEM: 24 de agosto – 22 de setembro

LIBRA: 23 de setembro – 23 de outubro

ESCORPIÃO: 24 de outubro – 22 de novembro

SAGITÁRIO: 23 de novembro – 21 de dezembro

CAPRICÓRNIO: 22 de dezembro – 20 de janeiro

AQUÁRIO: 21 de janeiro – 18 de fevereiro

PEIXES: 19 de fevereiro – 20 de março

FOGO: PODER, CORAGEM E VALENTIA

Áries | Leão | Sagitário

O nascimento do universo levou menos de um segundo. Menos de um segundo para a eternidade. Os astrônomos deduziram que a temperatura responsável por criar o universo era de aproximadamente 141 x 10^{30} °C. Então, antes de o tempo existir, havia fogo. Os signos do Fogo — Áries, Leão e Sagitário — nascem com a grandiosidade, a glória, o poder e o magnetismo do Big Bang, que deu luz ao universo. Essa repercussão inspira encantamento. Desde uma apresentação de fogos de artifício até o ato de acender uma fogueira ou uma vela, os signos do fogo cativam, apaixonadamente, a atenção do mundo com sua autoconfiança, senso de valor e sabedoria. O fogo presente nas almas desses signos exige que eles demonstrem ao resto do zodíaco a importância da autoconfiança saudável e sagrada. Como um rufar de tambores inspira um chamado à luta, a música cantada por almas livres de medo nos convida a agir da mesma forma.

ÁRIES: Pioneirismo | Confiança | Assertividade

Surgindo no hemisfério Norte,[*] durante o equinócio de primavera, em um dia em que o dia e a noite estão perfeitamente equilibrados, os nascidos e influenciados pelo signo de Áries são os primeiros a debutar no zodíaco, em companhia de seu otimismo equilibrado e habilidades de liderança. Como na criação do universo,

---

[*] Embora o autor siga as influências tradicionais do hemisfério Norte, os leitores do hemisfério Sul ainda podem extrair valiosos ensinamentos astrológicos dele. As diferenças de estações e constelações não comprometem o estudo astrológico, uma vez que a essência dos signos e suas interpretações permanecem universais e aplicáveis a ambas as regiões, permitindo uma abordagem enriquecedora para todos os interessados em explorar o universo da astrologia. (Nota da editora.)

não há outra maneira de Áries surgir em uma festa, exceto através de um grande Big Bang: BUM! Essa energia vitaliza seu espírito animal, o grandioso carneiro com chifres, deixando o zodíaco em ponto de bala.

Regido por Marte, o signo de Áries herda o capacete e a espada do deus da guerra espartano, conquistando a armadura dos céus para realizar suas missões terrenas. Os arianos lidam com a vida como se estivessem dentro de batalhas que precisam ser vencidas com bravura. Possuem uma grande quantidade de "sorte de principiante", por isso sempre derrotam o inimigo facilmente. A energia de Áries abastece o elemento Fogo sempre que essas pessoas se jogam de cabeça nos lugares, pessoas, metas, missões e circunstâncias que desejam. "Eu sou..." são as duas primeiras palavras escritas no contrato de alma da pessoa de Áries. A identidade desse signo simplesmente é o que é.

Enquanto o universo dá permissão ao Carneiro para explorar sua própria identidade, os arianos devem tomar cuidado ao expandir a consciência além do Eu. Se não estiverem suficientemente atentos, podem machucar pessoas menos diretas, mais sensíveis e mais lentas com sua raiva e impaciência. É crucial que a pessoa de Áries se lembre que o sucesso da batalha depende da colaboração, da inclusão, da compreensão nas relações interpessoais e da paciência.

Não confunda a estratégia deste signo, ou sua "sorte de principiante", com ingenuidade. Por terem nascido primeiro, o cérebro dos arianos não tem associações passadas envolvendo dores emocionais, vitimismo e insegurança. O senso de valor próprio desse signo do Fogo impulsiona sua força. Por não terem tido contato com sentimentos de inferioridade no quesito consciência coletiva, tudo o que os arianos podem fazer é viver no presente e ansiar pelo futuro. Essas pessoas costumam ser líderes de causas sociais, pois a força do fogo dá a elas a habilidade de suscitar todo tipo de possibilidade alternativa. Tendo nascido no início de tudo, é um signo que nos inspira a recomeçar. Essa é a principal lição da escola de pensamento do Fogo para o resto do zodíaco: nunca é tarde demais para ser quem você é, para viver sem feridas e para alinhar seus poderes de forma a viver a vida que deseja.

LEÃO: Carisma | Coragem | Lealdade

Viva o monarca! No auge do sol veranil, a estrela-mãe da galáxia irradia orgulhosamente por trás da constelação de Leão e brilha a majestade de sua eterna chama nos nascidos ou influenciados pela realeza. Será que podemos culpar Leão, o único signo do zodíaco regido pelo Sol, centro do nosso sistema solar, por sua predisposição à plenitude e à dignidade?

Estando a coroa do universo firmemente disposta sobre a cabeça do leonino, a realeza limpa a garganta, espera pelo silêncio do reino e declara: "Eu vou…". O fogo que queima no coração da pessoa regida por Leão é o poder de suas convicções, de crenças muito bem firmadas. Uma vez que seu senso de valor próprio é praticamente inegociável por entidades externas, os leoninos acreditam que podem alcançar posições de autoridade, sucesso e influência. Para essas pessoas, a convicção é uma ardente multiplicadora de forças. Sempre que o Leão anuncia de seu trono "Eu vou…", o universo responde "…que assim seja".

Qualquer ser pensante sabe que as convicções não são inerentemente concebidas pelo fogo da justiça, muito menos usadas como deveriam. Por isso, se alguém regido por Leão se basear em táticas autoritárias, suas convicções serão egoísticas, dogmáticas e desinteressadas em considerar diferentes possibilidades. Para brilhar com a glória de uma centena de sóis, os leoninos devem entender a importância de compartilhar tudo que for possível dentro de seu reino, seja isso um espaço comunicativo, recursos, compreensão ou perdão. "Pesada é a cabeça de quem usa a coroa" (ainda que seja muito privilegiada).

Para fortificar a chama do seu carisma, os leoninos devem honrar a definição latina da palavra "coragem". Em outras palavras, conforme explicado pela dra. Brené Brown, "...compartilhar a história de seu coração por inteiro", as pessoas de Leão, um signo do Fogo focado no coração, demonstram o poder, não o perigo, da exposição emocional. Temos a tendência de acreditar que o silenciamento e a repressão de nossas emoções e convicções nos trazem mais segurança, mas será que isso é verdade? Ao testemunhar a forma como uma pessoa do signo de Leão declara seu amor abertamente, você terá certeza que não. É quase como ser ungido pela Igreja da Vulnerabilidade. Você perceberá que o poder das chamas de Leão é atiçado sempre que o leonino mostra suas emoções. Elas garantem a segurança desse signo. Coragem é o sobrenome do Leão. E a vulnerabilidade é um dos momentos mais valentes e leais de toda a experiência humana. O bravo leonino é sempre o primeiro a dizer "Eu te amo".

SAGITÁRIO: Otimismo | Autenticidade | Sabedoria

No fim do outono no hemisfério Norte, o Sol se põe cedo e nos relembra da alegria futura prometida ao fim do calendário. Ao vivenciarmos os feriados culturais, ao longo dos meses de novembro e dezembro, encontramos não só celebrações populares, mas também uma sensação de deslumbramento, de presenciar milagres e de saber que uma nova vida nos espera se estivermos abertos a receber dádivas. Assim é o Centauro de Sagitário: meio humano, meio cavalo mitológico, olhos focados no pôr do sol, revelando todos os presentes da estação, até erguer seu arco e sua flecha na direção dos céus que nos governam, onde ele é o primeiro a enxergar todas as oportunidades sagradas e dedicadas a todos nós.

Descendentes do benevolente e atrator de sorte Júpiter, os sagitarianos têm uma intuição aguçada que lhes permite perceber a melhor oportunidade em todas as situações, sem exceção, acoplada a uma busca proativa pela inocência no comportamento de terceiros, mesmo se essa evidência for um indicativo de culpa. Ainda bastante alimentados pelo poder do fogo, as pessoas desse signo não têm medo de enxergar as coisas como elas são, começando a maioria de suas frases com a expressão "Eu acredito...". Sua honestidade lendária nos atinge como uma flecha afiada entre os olhos. Após o choque inicial, é possível ver como o sagitariano, com sua autenticidade, entende perfeitamente a diferença entre falar mal de alguém e descrever um comportamento ruim. Com sua sabedoria, consegue distinguir julgamento de análise, uma vez que o período do ano regido por Sagitário oferece a todo o zodíaco dons de misericórdia e gentileza e a promessa de um novo ano.

Se ênfase demais for dada à metade cavalo do arquétipo de Sagitário, sua energia abrasadora pode se tornar dispersa, hiperativa, indomável e faltar com a dignidade jupiteriana, uma característica obrigatória para as aventuras direcionadas a encontrar as dádivas do pôr do sol. Por outro lado, se forem racionais demais — afinal, ainda são meio humanos — os sagitarianos podem se tornar totalmente alheios às correntezas emocionais e ser dominados de forma pouco confiável por pessoas que competem por suas conexões significativas.

A mais alta glória envolvendo o signo regido pelo fogo de Sagitário envolve a intenção de que todo mundo — literalmente *todas* as pessoas — tenham um espaço ao redor de sua fogueira. "Quanto mais, melhor" é seu *modus operandi* em situações sociais, uma estratégia verdadeiramente sábia. Quem não gostaria de estar próximo de alguém que se sente verdadeiramente feliz em ver todo mundo?

TERRA: CONSISTÊNCIA, CREDIBILIDADE E SEGURANÇA

Touro | Virgem | Capricórnio

Quando pensamos na consistência e previsibilidade da natureza, ela nos parece excepcional, principalmente em oposição a um mundo material cheio de incertezas e caos. Sabemos que as flores sempre despontam na primavera, uma vez que esse é seu papel. As folhas sempre se tornam as mais requintadas artistas no outono. E, de verdade, existe algo mais majestoso que uma montanha no inverno? Reconhecer esses emblemas da nossa terra faz com que nos sintamos com os pés no chão. Eles nos protegem do medo da incerteza e nos mantêm enraizados no presente. O naipe de metais da orquestra começa a tocar. Os trompetes marcam o tempo, os trombones reafirmam a terra sob seus pés, e seu pé dominante sapateia, seguindo o ritmo automaticamente. A terra indica a existência de um universo organizado de forma cósmica. Além disso, suas manifestações representam a consistência segura em que opera. Os guardiões dessa segurança são os signos do zodíaco regidos pelo elemento Terra: Touro, Virgem e Capricórnio. As melodias desses signos cantam sobre o conforto que existe na segurança. O conforto presente no sentimento de gratidão que se sente sempre que um familiar o salva de problemas; quando um estranho no supermercado ajuda você a escolher o ingrediente certo para uma receita; e até quando um amigo o confronta com verdades doloridas para ajudá-lo a se manter seguro.

TOURO: Estética | Tenacidade | Paciência

O primeiro signo do elemento Terra, o gentil Touro, nos convida a aproveitar as maravilhas sensuais de seu próprio Jardim do Éden primaveril. A *vibe*, a energia, o humor e a atmosfera são da melhor qualidade. O taurino escolhe, metodicamente, a trilha sonora certa, uma refeição deliciosa e o coquetel clássico exigido no momento.

Escolhido a dedo por Vênus, a psicologia de Touro herda qualidades que a Deusa do Amor adora, como a impetuosa sensualidade de Vênus e uma visão aguçada voltada à luxúria, à lealdade e ao *glamour*.

"Eu tenho…" é a expressão dita por Touro em seu Jardim do Éden enquanto mostra aos visitantes todas as coisas terrenas e tangíveis que estima e protege. Pode ser fácil tachar o gosto dos taurinos de fútil ou superficial, mas a terra ama tudo que é eterno. Tudo que Touro julga digno se manterá em uma relação segura durante todas as estações e eras do planeta. Profundamente enraizados em seu Jardim do Éden, como um salgueiro, os taurinos são obstinados não só com tudo que sentem, possuem, tocam ou saboreiam, mas também com todas as suas escolhas e valores. O comportamento de Touro é firmemente calcado em termos como *confiável*, *seguro*, *prático* e *avesso ao risco*.

Um valor nunca colocado em prática nada mais é que um dogma, um senso de "certeza antes da investigação". Os taurinos se tornam mais graciosos e fazem a Deusa-Mãe Vênus orgulhosa sempre que se mantêm curiosos em vez de convictos, especialmente quando as contradições aparecem para uma visita. É importante lembrar que nem todo estranho ou dissidente é um toureiro, e que a rosa não precisa competir com a peônia. Todas as flores, ideais e preferências podem florescer, cooperativamente e em segurança, no Jardim do Éden.

A joia da coroa da experiência taurina é a instrução dada ao zodíaco sobre como os prazeres da vida devem ser experimentados. De forma contraproducente, nosso mundo estimula o estilo de vida do "sempre ocupado" como regra para se colocar o acúmulo de funções e a produtividade acima de tudo. Os taurinos nos ajudam a lembrar que, sem as experiências dos sentidos, nossas vidas dificilmente se tornarão profundas como deveriam. Onde estaríamos sem o taurino Shakespeare, cuja arte cura qualquer coração partido? Ou sem aquela música perfeita escolhida para tocar em uma passagem à beira-mar? Ou o conforto de um suéter de algodão sobre sua pele? Isso não é indulgência. É o que nos mantém a salvo. Sem alegria, nunca conheceremos as experiências mais profundas, mais seguras de nossa existência. O signo de Touro nos leva à segurança e nos prepara cuidadosamente para receber as dádivas no Éden.

VIRGEM: Meticulosidade | Mente Analítica | Ponderação

As folhas de outono pintam o vidro manchado da janela. O verão no hemisfério Norte está chegando ao fim e se inicia uma nova estação. Um ávido aluno chega primeiro ao seminário, concentrado e preparado. Quando o resto da turma chega, o professor começa a palestra com uma pergunta. Após ajustar com precisão os óculos sobre o nariz e esticar o braço quase até o céu, o virginiano responde: "Eu sei...". Considerado pelo mensageiro Mercúrio como uma mente brilhante, um ótimo pesquisador e orador, o signo de Virgem ensina ao zodíaco que poucas coisas se equiparam ao conforto de alguém que presta atenção aos detalhes e à estabilidade de um acadêmico bem-preparado e ponderado.

Arquetipicamente, a imagem de Virgem é a de uma Donzela segurando nos braços a colheita, o que representa o fim do verão, a estação solar, e a chegada do outono. Por meio de uma visão acadêmica, é possível contextualizar a Donzela como característica de pureza, algo intocado por qualquer tipo de penetração ou corrupção externa. A colheita, por outro lado, seria o símbolo do auge de contribuições coletivas que já foram realizadas, porém ainda não usadas. O signo de Virgem, regido por Mercúrio, grande estrategista, possui a totalidade da colheita da terra em seu ponto central. Aos virginianos é dada a tarefa de fazer uso desses recursos durante o inverno.

Devido a essa tarefa mitológica, não há problema que o virginiano seja incapaz de resolver. A solução cognitiva obrigatória está enraizada no zelo com que os virginianos abordam o bem-estar holístico. A sobrevivência da colheita depende dos hábitos diários proativos de Virgem, o que promovem a saúde da mente, do corpo e do espírito. Se isso não for levado a sério, terremotos causam rupturas em sua psique, e a autoaniquilação se torna iminente. Ou seja, se a pessoa de Virgem conseguir dominar a própria mente, seu triunfo é certo. Há uma tática para atingir a clareza: a prática de meditação diária.

Ainda que a terra firme sob seus pés possa parecer estática, ela está sempre em movimento, exatamente como um virginiano cuja mente parece soterrada por um exterior austero, embora esteja direcionada, consciensiosa e definitivamente, à coleta de dados, à solução de problemas e à educação, ainda que sem a intenção de receber honrarias. À pergunta do professor na abertura do seminário "Alguém sabe por que estamos aqui?", o virginiano responde: "Eu sei... estamos aqui para sermos úteis".

CAPRICÓRNIO: Disciplina | Ambição | Magnificência

No fim do mês de dezembro e início de janeiro, o anoitecer impõe sua autoridade sobre a Terra. Junto aos curtos momentos de luz de sol e nevascas árduas, o inverno do hemisfério Norte parece um campo de treinamento para nossos músculos resilientes. As montanhas são a iconografia dessa estação. Se você olhar para cima e conseguir enxergar a intersecção onde o céu encontra a montanha, Capricórnio, junto de sua criatura mitológica, a Cabra, apresentará seus cumprimentos, ambos parados no pico da montanha com o crepúsculo do inverno brilhando atrás. Questionar-se acerca da conquista dos próprios medos, enquanto enfrenta as adversidades assustadoras da Terra em meio ao gelo, é uma resposta inteligente à vista de um capricorniano.

Governado pelo ambicioso e disciplinado Saturno, uma pessoa de Capricórnio dificilmente se abrirá com você de imediato, especialmente sobre seus planos muito bem desenvolvidos de superação de medos. Saturno ensina seus descendentes sobre como tudo precisa de tempo para ser conquistado, desde sua personalidade até sua sensibilidade delicada: com lentidão, como se escala até o pico de uma montanha. Assim, procure por sinais no símbolo da Cabra. No mito, é um animal meio peixe e meio caprino, que nada até o fundo do oceano e escala até o topo da mais alta montanha. Dessa forma, o segredo do sucesso do capricorniano é o domínio das emoções.

Mas alcançar tal maestria é um longo processo. Se for abandonado no meio, o capricorniano pode se tornar inacessível, desnecessariamente cruel e negligente com os sentimentos, voltando todo o seu foco para símbolos mais terrenos de sucesso, como prestígio, status e riqueza. Embora isso contradiga a norma capricorniana de estoicismo, imprescindível para uma vida de prestígio, o topo inexplorado da montanha envolve uma vulnerabilidade proativa e a aceitação de suas imperfeições. De um discípulo do amor bruto para o outro, o conselho sempre é: "Supere, lide com isso, faça o que precisa".

Há uma teoria astrológica que afirma que o topo da montanha de Capricórnio é uma porção sagrada de influência, uma vez que sua altura o torna mais próximo do universo. Não é grandioso? As realizações conquistadas por Capricórnio são pré-requisitos de ambição, resiliência e sobriedade. As pessoas tendem a acreditar, inconscientemente, na visão dos líderes que perseveram, que lidam bem com a corrente das emoções, que são disciplinados sempre que se deparam com o desconforto mundial do inverno. Seja ao nadar ou escalar, cabe a nós prestarmos atenção em sua liderança. O universo confia no signo de Capricórnio. E eu também.

AR: INTELECTO, RELACIONAMENTO E INOVAÇÃO

Gêmeos | Libra | Aquário

O único elemento que não conseguimos compreender plenamente com nossos sentidos físicos é o Ar. Seu mistério é intencional. Embora não possa ser tocado, visto, contido ou mesmo saboreado, ele ainda mantém sua importância e seu significado. O Ar é a liberdade. Ele não se revela a uma mente que exige exposição. É um elemento que inspira emancipação, transformação e conexão. Na orquestra do universo, a canção do Ar libera e conecta. É por isso que seus instrumentos são leves e cheios de alegria, sempre deixando o ouvinte na beira do assento. A música do Ar libera perguntas, curiosidades e conexões. Dá o impulso de compreender o poder do pensamento livre. O Ar é a energia que passa delicadamente entre as pessoas quando elas se sentem mutuamente conectadas, vistas e compreendidas. O Ar é a eletricidade que invoca uma possibilidade alternativa, a abolição das normas retrógradas. Sempre que os etéreos Gêmeos, Libra e Aquário ascendem aos céus, eles fazem o zodíaco entender que a única pessoa responsável pela sua liberdade é você mesmo. A decolagem começa em 3... 2... 1...

GÊMEOS: Intelectualidade | Dinamismo | Eloquência

"E aí, amigo?", uma voz interrompe o silêncio. Não há ninguém à sua frente. O tom da voz lhe parece familiar. Uma brisa morna acaricia seu pescoço. "Shhh! Ele está lendo!", repreende uma segunda voz, embora ainda se pareça com a primeira. Você continua não vendo ninguém. Você escuta asas batendo e sente o toque suave de uma pena no pescoço. De repente, um vento poderoso sopra atrás de você, seguido de uma leve pancada. Os gêmeos aterrissaram. Um cumprimenta com um sorriso. O outro lhe olha com severidade. Mas o gêmeo que era caloroso de repente parece estar menos receptivo. O gêmeo estoico, por sua vez, lhe dá uma piscadinha. As sandálias aladas são a única coisa que eles têm em comum. "Meu nome é Castor. Este é Pólux. Qual é o seu nome?".

Primeira aparição humana do zodíaco, esse signo é apresentado como dois irmãos gêmeos em parceria. Com Mercúrio — o metal, o planeta e o deus — iniciando a linhagem de Gêmeos, o signo possui sua velocidade, curiosidade e intelecto. Em pleno voo, os gêmeos usam sua herança para compreender as artes das relações pessoais. A zona de voo favorita dos geminianos é o ar rarefeito. "Eu acho...", dizem e depois encontram a palavra apropriada, a pergunta certa, o tópico correto e apresentam um diálogo a fim de compreender quem ou o que está diante deles. Dentro de cada geminiano há tanto um ouvinte quanto um orador. Suas técnicas verbais são o que determina qual gêmeo você receberá.

Poucos signos são capazes de causar tanta desorientação nas pessoas quanto Gêmeos. Se os geminianos já tiverem gastado suas milhas, eles vão falar primeiro dos detalhes, depois mudarão de ideia no meio do caminho e, por fim, esquecerão de avisar o interlocutor. Mas antes que possa agarrá-los pelos tornozelos para confirmar a questão enquanto eles saem voando, os geminianos já estarão a mais de cinco mil pés de altitude. Se eu pudesse, tatuaria a resposta "Ainda não sei. Quando eu souber, te aviso", no braço de todo geminiano existente, a fim de que, de certa forma, eles pudessem manter sua palavra. Se o ouvinte não gostasse da resposta, então... Ah, ora, veja só. Deixe pra lá. Os gêmeos já partiram, esqueceram e já nem se importam mais.

De fato, a contradição geminiana de conexão e desconexão simultâneas é semelhante à definição da palavra *paradoxo*: "...aparentemente absurdo, porém verdadeiro". Contudo, a sabedoria do universo é de uma inteligência infinita. Os geminianos não são um acidente da natureza. Pense nisso: a forma como os relacionamentos contemporâneos funcionam costuma confundir relação com posse e camuflar confiança com certeza. O Ar representa o sentir-se livre e confortável com o desconhecido. Castor e Pólux existem para dizer que, embora você possa se sentir conectado a outra pessoa, você não tem o direito de se sentir dono de tudo o que há sobre ela. E embora você possa compreender profundamente a psique de alguém, ainda assim não tem o direito de saber absolutamente tudo dela. Ao agir assim, o signo de Gêmeos nos dá a permissão de pertencermos inteiramente a nós mesmos e de alçarmos voo sempre que possível.

LIBRA: Justiça | Romantismo | Proatividade

Há hora e lugar para o ceticismo e para se colocar na defensiva, mas não hoje. Imagine que você saiu para jantar e a pessoa com quem tem um encontro sempre dá um jeito de desarmá-lo, independentemente da força do escudo levantado. Da última vez que conversaram, você revelou tantos detalhes íntimos da própria vida que não consegue nem acreditar no que aconteceu. Foi a qualidade do envolvimento mental daquela pessoa que fez com que se sentisse tão seguro. O toque suave de um piano o convidou a entrar no restaurante. No exato instante em que se aproxima da mesa, percebe que seu acompanhante chegou para o jantar antes de você e está se levantando da cadeira e dizendo "Pedi seu prato favorito". É claro que essa pessoa ia se lembrar. E você só precisou dizer uma vez! Você deixa escapar um profundo suspiro. Com um adorável libriano do outro lado da mesa, você se sente seguro.

O ar de um ambiente sempre muda quando estamos com alguém que nos faz sentir vistos. Gosto de pensar que a própria Vênus se mantém ao lado dos nascidos sob o signo de Libra, entregando a eles seu espelho mítico e sussurrando "... agora reflita a beleza que enxerga neles com seu dom. Exatamente como te ensinei, meu querido". Então, o libriano atravessa o cômodo elegantemente, validando com muita graça e palavras positivas todas as características que vê. Se necessário, o libriano, contudo, pode trocar o espelho pelo martelo do juiz. Afinal, o símbolo da justiça é a balança. Assim como o de Libra. Saiba que, embora você seja inocente até que se prove o contrário, se quebrar uma das leis de um libriano, você *será* condenado.

Contudo, se o libriano for incapaz de olhar além de seu reflexo no espelho, pode inserir certos valores onde não pertencem, em lugares sem sentido, como no foco pouco saudável em questões estéticas ou na codependência. Enquanto as pessoas desse signo se sentem astrologicamente obrigadas a se conectar socialmente, é muito importante que se lembrem de que relacionamentos não são lugares para onde vamos quando evitarmos ficar sozinhos com nós mesmos. Eles são santuários onde os librianos devem se sentir completos para compartilhar de sua plenitude com aqueles que se aproximam com a mesma intenção.

Quando um libriano diz "Eu amo...", eles se conectam ao poder do universo que vai além do que pode ser definido ou controlado. O amor é sentido. Um libriano apaixonado se sente impelido a nos ensinar sobre como o romance é uma arte e uma técnica intelectual. Exige um equilíbrio entre o espelho de Vênus e o martelo do juiz. O amor diz "sim" e o amor também diz "não." Libra é perfeitamente qualificado para fazer ambos.

AQUÁRIO: Senso humanitário | Independência | Inovação

Você respira fundo sempre que entra em espaços utilitários. Códigos tradicionais de conduta, uniformes, uma horrenda luz fluorescente, tudo isso lhe parece sufocante. Você segura a respiração para sobreviver. Tenta se lembrar do comportamento identitário dominante para conseguir completar sua missão: é preciso passar despercebido. Mas o ar está abafado, e você não consegue localizar o pensamento coletivo do ambiente, por isso a missão parece perdida. Você está quase se rendendo quando uma pessoa excêntrica de cabelos cor de neon pula pela janela. Um vislumbre de cores vibrantes e texturas corre para amparar sua queda. Com você nos braços, a estrela do rock, o signo de Aquário, proclama: "Você não precisa se encaixar. Vou tirar você daqui".

Cada cultura tem sua forma de dizer "para aprender as regras, é preciso quebrá-las". Ou então: "Se você encontrar o Buda no caminho, mate-o".* Imagino que esse ditado tenha surgido durante uma tempestade de raios na estação de Aquário. Eletrificado pelo planeta Urano, a única regra que o aquariano tem é a de não se aproximar de pessoas egoístas ou que não sejam inclusivas. Aquário, o Aguadeiro, também está carregado de simbolismo, como todos os arquétipos do zodíaco. A água que esse signo carrega para a humanidade representa a ilusão de que estamos cada um por si. Embora os limites e a tradição funcionem na teoria, sabemos, por experiência, que esses valores costumam ser usados para justificar a falta de mudança e cooperação. Os aquarianos pretendem destruir essas barreiras de tempo e conexão social. Eles são a fagulha que nos conecta além do individual, além do amor romântico, à comunidade global da qual todos fazemos parte.

Se o jarro do aguadeiro estiver vazio, sem o conhecimento que permite a construção das pontes com terceiros, os aquarianos se desvincularão do lado intelectual e construirão fronteiras a partir de sua passividade. A tarefa do aquariano é celebrar as diferenças e fortalecer o moral do grupo, o que exige uma grande dose de reflexão. O universo não designa a direção ou a forma de pensamento do aquariano, por isso as pessoas deste signo precisam prestar atenção na diferença entre contemplação e "dar só uma olhadinha".

---

* Citação famosa atribuída a Linji Yixuan (EC 866), grande mestre zen. Pode ser interpretada como refletir sobre todas as regras morais e institucionalizadas e depois extirpá-las. O que sobraria seria somente a verdade. Outra interpretação alega que não seria possível encontrar o Buda no meio caminho, pois ele vive dentro de nós. (Nota da tradutora, de agora em diante N. T.)

Esse desprendimento não ajuda ninguém, muito menos aquele que está deixando a festa. Torne o engajamento a única regra a ser seguida pelo aquariano.

Bem, depois de os aquarianos o resgatarem de um escritório minúsculo e o liberarem da camisa de força que é o uniforme, eles apontarão para o globo e dirão: "Essas fronteiras? Quem as criou foi a humanidade, não o universo. Agora eu imagino um mundo em que..." e, nas palavras deles, você ouvirá a música da inovação, do pertencimento e das diferentes possibilidades.

ÁGUA: RECEPTIVIDADE, CRIATIVIDADE E SENSIBILIDADE

Câncer | Escorpião | Peixes

O coral do universo se iniciou com o Big Bang e seus imponentes tambores para que o fogo reinasse. O naipe de metais ajudou a terra a florescer em serviço da segurança. Os instrumentos de sopro desarmaram a plateia, deixando-a na beira do assento e oferecendo-lhe, descontraidamente, alegria e conexão.

Após o som das risadas se extinguir, a sala de concertos se torna escura como breu. No centro do palco, apenas uma luz retorna para brilhar sobre o harpista. Movendo lentamente as mãos e os braços, ele começa a tocar. A música conta a história de um coração partido. Uma lágrima cai sobre o instrumento. Você quer sofrer junto com o harpista, mas ele parece corajoso e grato. Você pensa na sua família e na sua infância. Você lutou tanto para fugir das pessoas e dos lugares para os quais passará o resto da vida tentando voltar. Você se recorda do seu próprio luto. Reflete como a "morte" o impele a querer viver ainda mais. Tendo o harpista como músico e professor, você relembra que, na dor de um coração partido, encontrou o poder da própria alma. Agora já sabemos: o *grand finale* do zodíaco é tocado no fundo do mar. Na costa, encontramos Câncer, Escorpião e Peixes parados na areia, apontando na direção do oceano, a fim de que possamos reencontrar o nosso lar.

CÂNCER: Proteção | Empatia | Magnetismo

Nos dias seguintes ao solstício de verão, quando o sol está brilhando durante o dia mais longo do ano, o universo pede ao zodíaco que carregue a radiância da luz para compreender o poder de nossos mundos internos, a emoção interior que reservamos somente para as pessoas mais íntimas e só quando nos sentimos apreciados. Já sabemos que não há lugar como o nosso lar. E é por isso que nos agarramos a ele se já o encontramos ou o buscamos apaixonadamente até que tenhamos certeza de que é ele. Um lar não é nada sem o sangue da família escolhida para encher aquele espaço de risadas, histórias, perdão e amor. Sentado à ponta da mesa da família, ouvindo atenciosamente a dinastia que criaram com todo o cuidado, está o primeiro signo do elemento Água: Câncer.

Embora o calor da estação seja sensível ao tempo, os temas do astro que rege Câncer são perenes. Os filhos da Lua do zodíaco se comunicam através de rápidos ciclos lunares. Câncer, o Caranguejo, é o inclemente guarda-costas da segurança emocional. Pense naquele vídeo que viralizou no qual um caranguejo empunhava uma faca em sua pinça! Como a maioria das pessoas define a segurança emocional como a presença de um lar e de uma família, o lar é o templo litorâneo do coração canceriano. A pessoa de Câncer é a alta sacerdotisa desse lugar sagrado, começando cada sermão com a expressão "Eu sinto…". O lar e a família suscitam emoções que acompanham a alta e a baixa das marés. Aprender a regular sentimentos e o apego à família de origem é a proposta de Câncer para todos nós.

Se a Lua estiver cheia, um comentário descuidado e a pressão atmosférica do relacionamento criará a tempestade perfeita; nessa hora, o canceriano atacará. O mito que afirma que todos os cancerianos são passivos-agressivos é mera ficção. Eles devem disciplinar seus estímulos emocionais, pois reagem perigosamente sempre que se sentem atacados. Embora não consigam domar todos esses estímulos, podem, contudo, aprender a controlar a raiva. O universo deseja que os cancerianos construam um lar seguro para aqueles que amam, não uma prisão onde punem os que consideram culpados.

Com o fortalecimento certo, Câncer, e somente ele, é capaz de curar o coração de um lar desfeito e incorporar o "amigo-que-é--quase-família" do zodíaco. Se o mundo fizesse um *ranking* de valores importantes, os de Câncer seriam, de forma contraintuitiva, baixos demais, uma demonstração de como os humanos normalizam a destruição de seus habitats e lares e como guardam o melhor de seus sentimentos para seus supervisores, colegas e críticos, pois assumem que a família já sabe o quanto é amada. Tudo isso passa quando a voz do canceriano ilumina a conversa. É por isso que seu papel é importante a ponto de salvar o mundo. Uma vez que o sentido da vida está na família e dentro do lar, o universo precisa que Câncer tenha o coração mais esclarecido do ambiente. Não há lugar como o nosso lar e não há signo como o de Câncer.

ESCORPIÃO: Erotismo | Regeneração | Lealdade
A sensibilidade gótica presente na morte outonal é uma obra-prima da natureza. As tradições anuais, a colheita e os elementos decorativos, todas essas coisas referenciam os mortos, o mistério e os monstros que, de certa forma, estão vivos e vicejam em nosso inconsciente. Suspeito que o universo tenha arquitetado tais rituais para direcionar a neblina sobre o mar para as ruas das cidades, principalmente durante as manhãs em que o outono está no auge. Parado no umbral da porta, entre o seguro mundo interior que conhece e a exploração dos horrores exteriores escondidos naquele mar de névoa, você pode escolher: quer continuar do lado de dentro, onde é seguro, e nunca saber a verdade do que reside lá fora? Ou será que você quer sair da zona de conforto e investigar seus medos, podendo, inclusive, transformar-se radicalmente? Em segredo, o Escorpião espera sua resposta.

Para muitos, Escorpião é um espaço muito distante. Seu regente planetário, Plutão, é o último da nossa galáxia. Astrólogos do passado atravessaram o Rio Estige* para descobrir que as ideias regidas por esse signo viviam no submundo. As almas marcadas por Escorpião escolheram manter suas psiques do submundo para andar entre os vivos. Sem verdade não existe profundidade. Escorpião, o habitante das profundezas, diz "Eu confio..." e identifica a sabedoria em um abismo que poucos têm a ousadia — e a coragem — de

---

* O Rio Estige é o nome dado a um rio no submundo de Hades, o Deus do Submundo e Rei dos Mortos. Ele seria uma fronteira entre o mundo dos vivos e o mundo dos mortos. (N. T.)

descobrir. Viver é sofrer. Amar é ter seu coração partido. Sonhar é falhar. O escorpiano acolhe a dor dessas verdades em seu coração, pois sabe que não se pode fugir do sofrimento. É aí que reside a alquimia desse signo e todo seu poder plutônico. Sempre que os escorpianos confrontam e derrotam a familiaridade da dor, eles encontram paz.

Se escolherem continuar na recepção do inferno, os escorpianos descarregarão o sofrimento de forma vingativa, quase como a picada fatal do aracnídeo. Fluente nas realidades infernais, um escorpiano adoecido terá muita dificuldade de imaginar um mundo no qual as pessoas estejam fazendo o melhor que podem e sejam dignas de confiança. Contudo, seria muito pouco razoável imaginar que o universo daria ao Escorpião a tarefa de compreender a escuridão sem que ele aprendesse a dominar a luz. Como uma lição individual entre o universo e cada escorpiano, só é preciso perguntar quem necessita de perdão, retratação, misericórdia e confiança. O universo dará a direção apropriada se o escorpiano escutar atentamente.

Em todo Halloween imagino um diálogo entre o Anjo da Morte e o signo de Escorpião. Posso até ouvir o Escorpião perguntar à Morte: "Qual é o sentido da vida?". Então, a figura encapuzada lembrará o Escorpião de sua intimidade com as sombras, as feridas e o sofrimento coletivo. Assim, é confiado a esse signo o mais potente bálsamo para aqueles que estão lutando: a certeza de que o trauma e a morte são inevitáveis, mas que ninguém precisa enfrentar isso sozinho. Com sua empatia, o escorpiano usa de seu poder regenerativo para ressuscitar, a si mesmo e aos outros, da morte.

PEIXES: Altruísmo | Intuição | Adaptação

A evolução das estações, do inverno à primavera, é um dos períodos mais místicos do ano. É o momento em que se ressuscita tudo o que estava morto. A neve sombria se transforma em chuva clara. Luzes azuis e violeta invadem o cinza e o preto. Uma flexibilidade psicológica nos leva através dos altos e baixos do último mês do zodíaco (embora, acredito, não sejamos capazes de adquirir essa flexibilidade ou presenciar a ressurreição da terra estando acima do nível do mar). Esse período do ano é regido pelos descendentes de Netuno, que nadam eternamente na tensão dos fins e começos de um azul sem fundo. Os braços do oceano aguardam nossa chegada; são a proteção que está logo abaixo da guerra travada em terra firme entre inverno e primavera. Para encontrar esse refúgio, procure por olhos que sejam um louvor ao mar. Eles pertencem ao signo de Peixes. E agora você também pertence.

Eu diria que nenhum signo do zodíaco é tão paradoxal quanto Peixes, desde os temas de começo e encerramento até a iconografia dos dois peixes nadando em direções opostas. Como um remédio para toda essa tensão, Netuno presenteia Peixes com uma criatividade prodigiosa. Possuindo no coração a glória do oceano, os piscianos retribuem com uma obra de arte, um movimento ou uma mensagem que possa definir e devolver o coletivo à transcendência espiritual. Uma vez que Peixes não pisa em terra firme, não vê o fogo e não respira o ar, as pessoas desse signo não pertencem a este mundo. Elas não podem ser identificadas pelo corpo. Por isso, nascem sabendo como conhecer alguém pela alma. Em tempo, todos nós teremos essa habilidade. Contudo, embora seja o último signo do zodíaco, os piscianos aprenderam essa verdade espiritual primeiro. Dessa forma, suas vidas nos inspiram a enxergar a luz, a alma, o Buda, o Cristo, em cada um de nós, enquanto ainda podemos.

No entanto, se os piscianos andarem sobre a terra sem saber que nasceram no mar, sua interpretação da realidade pode se tornar muito falha e grosseira. O mesmo acontecerá com seus relacionamentos, carreiras e outras áreas significativas da vida que podem acabar afundando sem uma profunda exalação de clareza. Essa exalação é a percepção mais articulada e a escolha de palavras para os outros. A tensão de estar neste mundo sem saber que não pertence a ele é algo que pode levar um pisciano à deriva, a redemoinhos de escapismo, teorias da conspiração e automedicação. Os dois peixes dentro do pisciano precisam adotar uma política de baixa tolerância a comportamentos emocionalmente autoindulgentes.

Como um dos peixes se identifica de alma com a mística marítima, sua proximidade com o outro peixe permite que sua sabedoria determine o valor da vida terrena. E essa sabedoria é de que apenas o amor dado e recebido determina o valor de uma vida. O amor em nossos corações é a última coisa que resta enquanto o mundo físico se transforma ao nosso redor. Graças à criatividade, compaixão e empatia de Peixes, ele pode se tornar o bote salva-vidas do naufrágio em que a humanidade está.

É possível ouvir o eco do harpista no fundo do oceano o trazendo de volta à vida em terra firme. E, com um miraculoso sopro de ar em seus pulmões, você recomeça sua ascensão. Quando você compreender os papéis complementares dos elementos como necessários para sua autorrealização, se verá novamente na plateia da orquestra do universo. "Bis!", você exige aos gritos. E com uma sacudida do bastão do condutor, uma obra-prima de perfeita harmonia arrebata a plateia para o centro do coração do universo com a coragem dos signos de Fogo, a confiança dos signos de Terra, o dom dos relacionamentos dos signos de Ar e a transformação dos signos de Água.

Os músicos orgulhosamente descansam os instrumentos no colo e olham para você com uma ressonância que parece dizer "Sua aventura está à espera". Você ganha um sorriso do Sol, um gesto de validação de Saturno, e até mesmo a Lua coloca a mão sobre o próprio coração para apoiar sua jornada. Nesse momento, você se levanta para ovacionar a convicção de que o universo está arquitetado para apoiar você e as maiores possibilidades de cada signo do zodíaco.

As Características: Cardinais, Fixas e Mutáveis

MANUAL PRÁTICO DA
ASTROLOGIA

NA ADRENALINA QUE SE SEGUIU APÓS SEU PEDIDO de bis ao universo, você ainda tenta absorver a história do zodíaco; o estilo específico de cada músico planetário e como a contribuição de cada signo foi necessária para compor a sinfonia. Ao deixar o auditório, você circula pelo lobby pensando em uma infinidade de perguntas: "como essas músicas foram escritas? Qual é a função delas? Por que os ritmos são tão diferentes? Como posso aprender a cantar minha própria canção no trabalho ou nos meus relacionamentos?".

Você sente um tapinha de leve no ombro e sai dessa espiral de pensamento. É Mercúrio. Você sabe disso porque os pés do mensageiro não tocam o chão. "Aqui, para você. Todas as respostas para as suas perguntas estão aqui". Mercúrio lhe entrega três folhas de papel com uma mão, enquanto segura o caduceu[*] com a outra. Você olha para os papéis e depois de volta para Mercúrio para perguntar do que se trata, mas percebe que o deus já partiu.

---

[*] O caduceu é um cajado que pertence a Hermes (Mercúrio, na mitologia romana). É um instrumento curto, com duas serpentes entrelaçadas e um elmo alado no topo. (N. T.)

São três folhas de partitura com quatro signos do zodíaco em cada uma. Entretanto, eles não seguem a ordem dos elementos; cada página tem quatro combinações de signos do Ar, da Terra, da Água e do Fogo. Então, você se concentra na mistura de notas, melodias e armaduras de claves, buscando respostas para todas as questões que perduram. Você percebe títulos de apenas uma palavra no topo de cada página. Na primeira, "Cardinais"; na segunda, "Fixas"; e, na última, está escrito "Mutáveis".

Agora que você já ouviu a música dos elementos e vivenciou as histórias do zodíaco, compreendendo as mensagens decodificadas dentro de cada um, está pronto para aprender que o universo compôs tais narrativas com base em três características: cardinais, fixas e mutáveis. Nessas três páginas que recebeu, você encontrará as notas, a melodia e a velocidade das funções do universo preenchidas pelo zodíaco.

Sabendo que cada um dos signos é um laço duplo, composto de elemento e característica, você conseguirá responder às perguntas que busca acerca de trabalho, relacionamentos e sucesso. As folhas que Mercúrio lhe entregou não estão nessa ordem por acidente. A primeira página, "Cardinais", faz exatamente o que diz: dá início à canção dos elementos. A página do meio, "Fixas", guarda o poder dos elementos como o refrão de uma música. E, por fim, "Mutáveis" conclui delicadamente a partitura e constrói uma ponte para a próxima questão.

CARDINAIS

Áries | Câncer | Libra | Capricórnio

Assim começamos com os quatro signos cardinais do zodíaco. Esses iniciadores são os capitães de cada elemento ao longo de todas as explorações astrológicas. Costumam ser a voz que grita "Eu vou primeiro!", pois se sentem psicologicamente estimulados a agir assim e, portanto, isso os satisfaz. Eles devem guiar o caminho de forma a alcançar o sucesso individual, relacional e profissional.

Os quatro signos acompanham os equinócios e solstícios sazonais e o início das estações do ano no hemisfério Norte. Em Áries, a primavera; em Câncer, o verão; em Libra, o outono; em Capricórnio, o inverno. Por isso, guardam no coração a mais pura expressão dos elementos e das estações do ano que lideram no zodíaco. Afinal, existe estágio mais otimista e puro que o próprio início de todas as coisas?

Para continuar com a metáfora musical, vamos ouvir a partitura dos "Cardinais" que Mercúrio lhe entregou como se fosse a introdução da sua música favorita. Você sempre sente uma certa expectativa ao escutar as primeiras notas. Não importa quantas vezes tenha ouvido essa música, a introdução sempre a renova, dando a você a oportunidade milagrosa de conhecê-la pela primeira vez. É exatamente assim com os signos cardinais.

ÁRIES: Fogo Cardinal — Iniciador de Identidade

Ninguém é tão bom em escancarar a porta da autodescoberta quanto Áries, nem tem uma entrada tão triunfal quanto o primogênito do zodíaco. Seja uma conversa, um desafio ou um momento de lealdade, o Carneiro não tem escolha exceto se jogar de cabeça, agir por impulso e perguntar depois, ou então pedir perdão, mas não permissão. Comandantes do exército liderado por Marte, o guerreiro, os arianos — confie em mim quando digo — não encarnaram na Terra para deixar as pessoas confortáveis e à vontade. Eles receberam ordens estritas do comandante dos planetas, e essas foram: "Não faça o mal. Tampouco faça prisioneiros na sua busca pelo amor-próprio".

Sendo assim, não é nem um pouco surpreendente que o ritmo de Áries, com seu fogo cardinal, seja tão rápido. Seu calcanhar direito, inconscientemente, marca o ritmo da marcha de Áries. Uma vez que é o primeiro do zodíaco e dos signos de Fogo, ele precisa se mover e lutar o mais rápido possível pela conquista do seu Eu (com *e* maiúsculo!). Sem saber, esse signo nos relembra que, enquanto estamos vivendo, podemos acidentalmente atear fogo às nossas vidas se não compreendermos claramente quem somos. O foco deste capítulo é saber como a combinação de elemento e característica é a resposta para questões de sucesso no trabalho e nos relacionamentos — algo inerentemente colaborativo e conectivo —, e Áries, como o primeiro signo do Eu, tem uma função interessante a ser desempenhada, seja de um jeito bom ou ruim.

A função mais importante do Eu de Áries é iniciar novas ideias no que diz respeito à identidade. Por nascerem sem a necessidade de ser validados ou legitimados por outras pessoas, os arianos brilham lindamente por conta própria. Embora pareça inobservável do ponto de vista do signo, esse exemplo mostra ao resto do zodíaco como é uma identidade livre de expectativas, puxa-saquismo, fingimento ou perfeccionismo. O ariano sabe que iniciar novos paradigmas de identidade não é como um concurso de popularidade. Enquanto lutam por suas paixões, os arianos estão sempre estendendo a mão e convidando os outros signos para uma missão similar de autodescoberta.

A pessoa de Áries tem altas chances de sucesso na carreira se investir na área do empreendedorismo ou em um papel de liderança no qual seu espírito inovador receba apoio e não seja subestimado. Uma vez que gosta de autodireção, o espírito guerreiro dos arianos prefere trabalhar só. Essa carreira, por sua vez, pode ganhar as alturas se receber a medida certa de poder. A maioria das pessoas busca apoio de arianos para receber uma dose extra de autoconfiança. Todo trabalho que envolva a motivação de seus pares pode ser um belo lugar para que o fogo de Áries brilhe cada vez mais forte.

Nas relações interpessoais, por sua vez, o ariano pode ser muito leal e amoroso, apoiando amigos, familiares e companheiros se esses compreenderem que sua missão de alcançar o máximo potencial do Eu depende da saúde de seus relacionamentos. Enquanto aquiescemos facilmente à noção sedutora de "Preciso *me* amar antes de amar os outros", sabemos que essa máxima não é verdadeira. Em tempos de redes sociais, onde fazemos o possível para agradar ao público, Áries ganharia os céus se fosse capaz de iniciar o uso do paradigma "Preciso me amar *ao mesmo tempo* em que amo os outros".

O ponto principal para que o ariano alcance o sucesso nos relacionamentos é o equilíbrio. Faria bem que recitasse o mantra "Minhas necessidades não são mais ou menos importantes do que as daqueles que amo; elas são igualmente importantes". A canção de Áries é a da independência, da motivação, da beleza da regeneração e de ter nascido exatamente como se é.

CÂNCER: Água Cardinal – Iniciador de Segurança Emocional

A vida se inicia dentro de nossa mãe divina. As estruturas da nossa personalidade se constroem no lar onde todos mordemos o fruto proibido e herdamos as feridas de nossa árvore ancestral. Câncer, o primeiro signo de Água, nascido nos oceanos do solstício de verão, é a Madre Superiora do zodíaco. Sua energia cardinal é o útero onde nos ligamos às nossas heranças emocionais. Nenhum outro signo do zodíaco é capaz de criar vida e família como o signo de Câncer. Esses filhos da lua são, simultaneamente, as parteiras do Eu que imaginamos com nossa mente racional e as pessoas que nos tornamos quando lideramos guiados pela sabedoria dos nossos corações.

O ritmo de Câncer é inconsistente de propósito. Como o Caranguejo, esse signo não pode se jogar de cabeça ou escalar uma montanha de primeira. A velocidade de Câncer se divide entre se esquivar de lado ou dançar uma valsa a meio-passo. O lado emocional desse signo começa de um jeito meio contido, convidando-o a antecipar uma canção que soa como boas-vindas. O ritmo aumenta com um abraço caloroso de um parente ou figura materna na porta de entrada enquanto sua comida favorita o espera na mesa da sala de jantar. A ode a Câncer chega ao ápice quando sabemos que esse signo está aqui para honrar os ancestrais e servir a seus descendentes.

O universo designa ao canceriano a gloriosa função de iniciador da segurança emocional no contexto do lar e da família. Ao fazer isso, ele garante que essa funcionalidade divina seja expressa independentemente de gênero ou sexualidade, embora Câncer dê início à maternidade e à reverência familiar. O ponto principal dessa tarefa — como já disse, sem considerar gênero/sexualidade/família de sangue ou de afinidade — é encontrar novas formas de fornecer segurança emocional através da rede familiar. Sendo assim, devem iniciar novas maneiras de imaginar o lar e de honrar a família.

Sem uma carreira que lhes permita sentir um grande envolvimento emocional, os cancerianos sentirão que não estão satisfazendo as próprias necessidades. Como a sensibilidade canceriana não possui um botão de liga e desliga, acredito que as pessoas desse signo se dariam muito bem trabalhando em empregos que envolvam questões de gênero, bem-estar infantil, proteção ambiental ou até mesmo na indústria de cosméticos. Nada faz o canceriano mais feliz que ajudar o lar e a família, portanto, se uma carreira lhe permitir oferecer esse tipo de contribuição, o universo maximizará seu sucesso. Contudo, também é importante que os cancerianos tenham uma rotina semanal capaz de aliviar toda essa gravidade emocional; uma medida essencial para o bem-estar.

Se você quiser viver com um canceriano, pergunte, enquanto segura um anel adornado com uma pérola: "Você me faria a pessoa mais feliz desse mundo aceitando se casar comigo?". Como a pedra favorita do oceano, os cancerianos são preciosos no amor. Em busca de um espaço seguro, eles sempre desejam um compromisso significativo antes de entregar as pérolas de seus corações para seus companheiros românticos. Leais, proativos com as necessidades do parceiro, generosos e muito protetores; ao companheiro de um canceriano é dado aquilo que o signo oferece: lar e segurança. Por ser um pouco apegado e ansioso, o canceriano deve ficar atento para garantir que manterá um grau de reafirmação emocional saudável, para que essas características não se transformem em possessividade e codependência. Embora seja muito doloroso para o ego da pessoa de Câncer, mas extremamente benéfico para seu crescimento, exercitar o desapego pode aumentar o desejo mútuo e dificilmente diminuirá o sucesso do relacionamento. Além disso, também é positivo que os cancerianos expressem seus pedidos claramente aos parceiros de forma que esses possam consentir, negar ou renegociar.

Desde o hino nacional até uma canção sobre o amor do lar e da família, as músicas que honram esse signo ajudam a lembrar que uma boa base e uma boa rede de pessoas com quem seja seguro compartilhar o seu sucesso e as suas vulnerabilidades são componentes essenciais para uma vida significativa. Embora não possamos escolher as famílias nas quais nascemos, podemos sempre escolher manter nossos corações abertos para o perdão e o começo de novas configurações familiares.

LIBRA: Ar Cardinal – Iniciador do Entendimento

"Levantem-se! O honorável signo de Libra está presidindo a corte!". Embora não seja o primeiro, mas sim o segundo signo de ar a ser apresentado ao zodíaco, o número dois é o número da sorte de Libra. O equilíbrio entre duas coisas é o resultado daquilo que Libra é obrigado a fornecer ao zodíaco. Suas regras, instruídas por Vênus, oferecem às duas partes mediações de concessão, negociação e raros, porém plausíveis, cenários em que os dois lados vencem.

Afinada com o belo equinócio de outono, a mente libriana sabe exatamente quando uma antiga tradição está morrendo e uma nova deve começar. Sua modalidade cardinal permite que essa antiga norma desapareça da canção. Ele inspira uma mudança de tom no meio da música do universo, desde uma ode robusta e individualista até um belo cortejo nupcial. Isso ocorre porque Libra abre caminho para um santuário de desenvolvimento interpessoal romântico, para a escuta compreensiva e para uma outra possibilidade de parceria dedicada.

Seu período do dia é o pôr do sol. No Hemisfério Ocidental, o Sol, nossa fonte astrológica e dinâmica de vida e força de vontade, olha para a Lua ao Leste, representando nossa recepção emocional e nossa segurança. Durante o crepúsculo, o universo pede a Libra a garantia de que tanto a preferência do Sol quanto a da Lua sejam perfeitamente mantidas. Tendo tanto o dom quanto a obrigação de ser responsável pelo entendimento interpessoal, Libra é responsável pela transformação de conflitos, pelo papel de advogado do diabo, pela igualdade e, acima de tudo, por ajudar os outros — e a si mesmo — a abrir o "contêiner" de um relacionamento amoroso no qual a luz e a sombra do casal estejam livres para se entrelaçar sem medo de abandono.

Para Libra, o equilíbrio é a chave. Fluente em questões estéticas e na harmonia dos relacionamentos, o ideal para os librianos é que encontrem uma carreira que lhes permita, é claro, manter o equilíbrio. Desde trabalhos com processos judiciais até decoração de interiores, os librianos mostrarão sua competência em qualquer ambiente que lhes permita encontrar, de forma criativa, harmonia e entendimento interpessoal. O trabalho necessário para técnicas sociais brilhantes e até mesmo contribuições artísticas é algo que não se observa de imediato no pensamento dominante do mundo. Nesse sentido, seria muito sábio o libriano que declarasse todas as suas expectativas e limites de maneira proativa o mais rapidamente possível a seus colegas de trabalho e supervisores. Isso porque embora o trabalho dos librianos seja lindo, não é fácil. Ele deve ser respeitado desde o início para que as pessoas saibam com quem e com o que Libra está trabalhando.

Os librianos também são excelentes artistas no quesito amor e romance, por isso é necessário que o compreendam e o experienciem. Sendo assim, o universo organiza a experiência libriana de forma a educá-los rapidamente na teoria e na prática do amor. Devido à natureza sagrada do romance, os librianos devem agir sem pressa, com sério comprometimento, dado o valor e o trabalho que envolve encontrar um parceiro dedicado. No entanto, porque acredito que qualificamos melhor os relacionamentos amorosos quando não fazemos parte deles, Libra deve se permitir estar só por algum tempo, não só para saber quem é, mas também para descobrir o que estará oferecendo aos sortudos pretendentes com quem tem a intenção de se envolver. Se você for uma das infinitas pessoas que têm uma queda por alguém do signo de Libra, a dica é: seja romântico e socialmente gracioso. A pedra fundamental de Libra, a de não ultrapassar limites, também é essencial no amor. Dessa maneira, os librianos devem sempre expressar o que é permitido e o que não é, de forma que seus parceiros possam agir com integridade dentro do relacionamento.

A música de Libra é aquela que narra o início de uma paixão. Toda letra ou melodia que incorpore a empolgação de ter uma nova pessoa na sua vida, a ponto de deixar você nervoso, mas incrivelmente otimista, será uma canção composta por Libra. Às vezes, a mera vista de um rosto adorado ou de uma mensagem especial chegando no seu telefone mudará todo o teor do seu dia. Para Libra, isso é a música do universo.

CAPRICÓRNIO: Terra Cardinal — Iniciador de Estrutura

Quase sempre no topo do *ranking*, Capricórnio é supremo. A Cabra não está aqui por acaso. O último dos três signos da Terra do zodíaco, Capricórnio comanda o plano terrestre com dignidade e persistência. Esperando que mantenha sempre a excelência, graças ao seu planeta regente, Saturno, e dada a ética de trabalho de suas inevitáveis realizações, o signo de Capricórnio está sempre buscando chegar ao ápice de suas conquistas.

Com o seu simbolismo duplo (a Cabra que nada no oceano e escala montanhas), o capricorniano inicia um ritmo similarmente dúbio no zodíaco. A energia cardinal é veloz, mas a terra é mais estável, por isso o ritmo de Capricórnio é intencionalmente e estrategicamente lento no início. Quando você se acostuma a essa delicada consistência, ela se torna cumulativa e vira uma fanfarra inesquecível de homenagem a um serviço bem-feito, uma música que ajuda a compreender que apenas a paciência infinita é capaz de produzir resultados imediatos.

Acho que todo capricorniano deveria ter uma *playlist* composta de marchas militares ou bandas marciais tocando sempre que estão compondo sua estratégia de sucesso. Afinal, assim como essas melodias nos avisam da chegada de alguém, a função de Capricórnio é a de iniciar essa estrutura. Seu sistema de pensamento altamente pragmático e hiperfuncional contribui com a sociedade de forma a oferecer uma estrutura específica em lugares nos quais faltam foco, responsabilidade, realizações e confiança. Com essa mescla de maestria emocional e psicológica, os capricornianos são mais qualificados que ninguém para implementar consistência, confiabilidade e mutualidade em locais e pessoas que estejam no mundo da lua.

Os capricornianos já sabiam qual era seu emprego dos sonhos muito antes de aprender a engatinhar, mas estou a favor do coro de Cronos (o Tempo) aqui. A subsistência da Cabra parece depender do quão eficientes, valorizadas e significativas suas experiências profissionais são, uma vez que Capricórnio se sente profundamente obrigado a liderar e servir durante a prática laboral. Quanto ao tipo de trabalho, pode ser qualquer coisa sobre a qual possam falar durante uma noite toda. Suas paixões são todas individuais e autodirecionadas, por isso não precisam que terceiros indiquem para que lado devem rumar. Lembrem-se, porém, de que Saturno demanda muita paciência de seus descendentes caso eles estejam se sentindo insatisfeitos por não ocuparem posições de liderança ou autoridade. Se necessário, os capricornianos também são perfeitamente qualificados para iniciar novas estruturas profissionais, como fundadores de empresas ou CEOs. Eles nasceram para comandar!

Mas nem tudo é trabalho. Quando finalmente chega a hora de um capricorniano convidar alguém para atravessar os anéis de Saturno que protegem seu precioso coração, ele compartilha todo o mundo que construiu com sua outra metade. De forma privada e muito tradicional, o Capricórnio ama lealmente e sem pressa. A estrutura pertencente ao relacionamento não cresce da noite para o dia. O capricorniano oferece ao seu parceiro de poder gestos atenciosos de serviço que são altamente demonstrativos, porém responsáveis, direcionados a apoiar seu bem-estar. Se você estiver interessado em um capricorniano, deixe que ele veja, em vez de dizer com palavras, que você é o parceiro que ele se orgulhará de ter ao lado. Capricórnio só se revela diante de personalidades que resistam ao teste do tempo. Alguns traços de personalidade que esse signo gosta de esconder são o excesso de críticas e a inacessibilidade emocional. Dar um *feedback* aos parceiros pode ser de grande ajuda, principalmente se o capricorniano o acompanhar com gestos de afirmação. Outra coisa muito comum do signo é revelar os sentimentos de forma programada, algo que costuma salvá-lo de crises românticas.

Sempre que penso na música de Capricórnio, canções como "Marchas de Pompa e Circunstância", de Edward Elgar, ou "Hail to the Chief", de James Sanderson, me vêm à mente. Ambas apresentam ritmo, imagens e letras que promovem sucesso e conquistas e, portanto, parecem ter sido compostas por capricornianos. Isso não se dá porque esse signo é bem-sucedido em termos mundanos ou porque é focado em *status*, mas porque é a comprovação de que ser capaz de comprometimento, terminar o que se começa e investir na base do envolvimento psicológico e emocional da experiência humana é algo de que devemos nos orgulhar. Parabéns!

FIXAS

Touro | Leão | Escorpião | Aquário

Com o desfile de abertura dos signos cardinais já completo, é hora de olharmos para a segunda folha da partitura, intitulada "Fixas". Seguindo adiante, Touro, Escorpião, Leão e Aquário buscam preservar e proteger as energias que detêm.

Os signos fixos representam o momento no qual nos sentimos impelidos a cruzar a linha de chegada. No calendário, o mês solar desses signos está no auge de cada uma das estações, uma vez que nasceram no meio delas. Por isso, são os defensores dos elementos que personificam. Signos nascidos sob características fixas costumam ter uma identidade mais constante e ser mais regidos pelos poderes dos seus elementos: Terra, Fogo, Água e Ar.

Na música, gosto de imaginar a identidade dos signos fixos como um clímax ou o refrão, pois a prioridade desses momentos é enfatizar o ponto, de novo e de novo, induzindo o ouvinte à concentração. Na nossa cultura global, que se desenvolve cada dia mais rápido, os signos fixos têm a tarefa de identificar o que precisa ser preservado dentro das mudanças evocadas pelo mundo; uma atividade árdua, levando em consideração a velocidade da modernidade, mas o universo escolheu esses signos justamente por serem persistentes, autodirigidos e cheios da força de vontade necessária para manifestar as funções que o universo lhes incumbiu.

TOURO: Terra Fixa — Personificação de Valores

Quando penso na mais completa personificação de riqueza, segurança e estabilidade, penso na terra. Os recursos que ela fornece à humanidade são difíceis de compreender dada a absoluta imensidade de tudo. Por isso, busco o signo de Touro para me ajudar. Pois dentro de suas convicções, principalmente por ser o primeiro signo de Terra do zodíaco, dá-se um estado de infinita abundância. Essas convicções são um recurso poderosamente incorporado pelos taurinos, que as fomentam na esperança de que possam fornecer segurança, riqueza e estabilidade a si mesmos e às pessoas que amam.

Escolhido por Vênus para representar suas filosofias prediletas, o taurino segue um ritmo lento, firme e belo. Embora a majestosa primavera esteja florescendo ao seu redor, é preciso fechar os olhos para conseguir escutar a canção de Touro. Você será arrebatado por ela, e a consistência do ritmo fixo da terra responderá toda a sua curiosidade. Você espera que essa obra-prima nunca chegue ao fim e que sua prece seja atendida. Assim segue. A melodia clássica de Touro toca uma área especial do coração que nos faz pensar em amor, pertencimento, segurança e momentos da experiência humana que costumam ser celebrados de forma atemporal entre os povos.

Touro foi escolhido como o guardião das convicções que o universo gostaria que se mantivessem preservadas, como segurança pessoal, os recursos fixos da terra, a divindade da beleza e as Belas Artes. A principal função do taurino é personificar os valores do universo. Na carreira, ele pode honrar sua tarefa ao preservar, com lealdade, a estabilidade financeira e a reverência às artes, à criatividade e ao romance. Pode ensinar os valores do que já foi mencionado através de demonstração, mas não do proselitismo. O taurino representa essa personificação do que significa valorizar a base da segurança, da estabilidade e da consistência em qualquer caminho profissional que deseje seguir. Dada sua natureza fixa, sua trajetória é uma poderosa força da natureza. Contudo, a evolução depende de como escolhe incorporar divergência, *feedback* e autoridade. É importante que o taurino se mantenha curioso, mas não confrontador, sempre que estiver cara a cara com o contraste.

Amoroso filho de Vênus, o taurino apaixonado é uma coisa gloriosa de ver. Sem o menor esforço, mostram-se protetores, românticos e estimam a pessoa amada profundamente. Os valores interpessoais, como lealdade, compromisso e confiança, crescem de forma orgânica nesses corações regidos por Vênus. O ritmo do amor é consistente, mas não tem um início rápido. Pacientes, os taurinos não têm pressa de entregar o coração ou de receber o de outras pessoas. Esse é outro valor que incorporam, pois o amor é conquistado lentamente, em respeito ao seu poder, sem o menor traço de negligência. Ao receber um convite para entrar no coração de um taurino, saiba que não é para participar de uma festa casual, irrelevante e sedutora. É direcionado a uma pessoa que saiba apreciar a qualidade vitalícia e a confiabilidade em um mundo falso e incerto. Os parceiros devem ajudar o taurino a lembrar que o amor não significa posse, mas colaboração, crescimento e evolução.

As odes da terra fixa de Touro são as canções de devoção, investimento emocional e lealdade. Elas personificam esses valores porque todo coração deseja estar com outro que o faça se sentir seguro, assim como toda mão busca algo em que tocar para ter certeza de que o perigo está distante. A música com que Touro incorpora seus valores é um convite para encontrar essas definições dentro de si. Juntos, vocês podem transmitir segurança para o mundo todo ver.

LEÃO: Fogo Fixo — Personificação da Dignidade

O Sol, estrela do centro da nossa galáxia, fornece vida, nutrição e poder ao fogo fixo, à Terra e ao seu povo. Ao longo dos meses nos quais o Sol exerce sua dominância, o signo de Leão também brilha sobre nós. Leão, o segundo signo de Fogo do zodíaco, detém o poder desse elemento majestoso através de uma concentração superfocada. Pense em uma labareda eterna. Isso é Leão: uma chama que nunca se apaga. Simbolicamente, o fogo se relaciona ao poder, à força vital, ao carisma, à motivação e à força de vontade. Na corte real de Leão, os regidos e nascidos sob esse signo herdam todas as joias da coroa que adornam com retidão.

O ritmo de Leão soa como as batidas de um coração, o que é muito apropriado, uma vez que o coração é o órgão regente desse signo. Assim como esse músculo pode mudar de ritmo dependendo das nossas emoções, o ritmo do leonino está ligado à sua inteligência emocional. Esse compasso lembra aos leoninos que são valorosos e que sua principal função no mundo é personificar essa dignidade.

Essa é a tábua de salvação de uma vida significativa. O que os leoninos sempre precisam recordar e demonstrar é a sua convicção de serem dignos de amor e pertencimento. O pré-requisito indispensável para viver uma vida plena é a crença em nosso valor inerente. Acredite na sua dignidade e digno você será. Sendo assim, o Leão personifica a dignidade no trabalho devido à coragem de inovar, experimentar, falhar, crescer e repetir. Uma postura profissional que costuma levar a cargos de liderança. Imagine o leonino como um comandante que mantém um padrão de dignidade tão sincero que seu poder abre espaço para o brilhantismo de seus colegas se destacar. Por isso, tenha certeza, receber a validação de um leonino costuma evocar o melhor da pessoa que teve a sorte de ser agraciada com esse gesto.

Todo membro da realeza precisa de outro monarca para conquistar a segurança romântica, portanto os leoninos costumam se apaixonar por líderes hipnotizantes e determinados. Eles conseguem sentir o cheiro do medo e perceber quando alguém é dócil demais para o seu gosto. Costumam se jogar de corpo inteiro em pessoas que resplandecem. Quando está apaixonado, o leonino costuma ser romântico, leal, positivo e o melhor guarda-costas emocional que existe. Eles não gostam de admitir, mas se sentem impotentes diante de elogios (mas não está mais aqui quem falou!). O Leão é justo demais para crer que o orgulho é o mais egrégio dos sete pecados capitais. Por isso, devem aceitar a verdade: os mais corajosos de nós sempre se machucam quando precisam deixar de lado o próprio orgulho. No amor, contudo, não há garantia. O importante é amar.

Incorporar o valor próprio é de suma importância para Leão, pois fazê-lo ou não é uma decisão que todos precisamos tomar para viver plenamente. Uma vez que o leonino nasce se sentindo merecedor do que há de melhor, pode demonstrar ao zodíaco o que é uma vida livre de sofrimento e da paralisia causada por insegurança. É por isso que o universo o designa ao trono. Canções de coragem, confiança e empoderamento sempre são dedicadas a esse signo, cuja música nos inspira a sentar no trono de nossas vidas e nos envolver com elas em um espaço seguro de dignidade.

ESCORPIÃO: Água Fixa — Personificação da Intimidade

Imagine o poder do oceano em uma única gota de água, a imensidade desse elemento sendo capaz de conter, em uma só gotinha, as emoções, a transformação, a criatividade e a fantasia. Nascido durante a morte do outono, o Escorpião domina o momento sagrado da transformação individual. Embora não seja o último signo de Água do zodíaco, Escorpião é quem dá a última palavra, o convite ou a rejeição com base no seu esforço de compreender o desenvolvimento e a evolução pessoal. Embora sejam Água fixa e, portanto, mantenham-se estáticos em um só elemento, os escorpianos são como os guardiões dos portais de dois mundos.

O ritmo do Escorpião é sorrateiro. Ele é um crescendo. A canção começa de forma quase inaudível, ainda que seu ouvido interno saiba que um som está tocando no éter invisível. Ela é um convite sedutor. Como signo fixo, tem uma melodia consistente, mas um volume alternado. É alto e baixo. Isso ajuda a compreender a função que o universo deu a Escorpião: a personificação da intimidade. Enxergar esse signo como puramente sexual seria simplista demais. É a intimidade que eles incorporam, que, claro, também pode ser sexual ou erótica. No ramo profissional, essa intimidade serve a um propósito. Escorpião mergulha profundamente na psique para questionar dons e feridas. Enquanto ele estiver investigando, curando e se envolvendo, tanto com a solução quanto com o problema, suas contribuições a profissionais da indústria serão inestimáveis. Ao longo do caminho, o escorpiano pode alavancar a própria carreira ao revelar, proativamente, porque faz o que faz. Mostrar a própria estratégia é útil tanto para a colaboração quanto para a equipe. E uma conversa franca leva à compreensão total.

Levando em conta a habilidade do signo de dominar todo tipo de emoções em ressonância, a função de Escorpião permite que pessoas desse signo lidem bem com os altos e baixos do amor — a base da intimidade. O perfeccionismo deve ficar no âmbito pessoal, pois dentro da vida romântica isso é bastante desanimador. O escorpiano é faminto por júbilo e infâmia. O que ele e seu parceiro buscam, um no coração do outro, são seus pontos fortes, feridas e uma brutal honestidade. Ele se apega devagar. Primeiro, investiga o potencial com cuidado, pois é sábio o suficiente para saber a seriedade do amor quando esse é oferecido. Para conquistar um escorpiano, mergulhe fundo. Dialogue sobre as profundezas da experiência humana e demonstre sua visão crítica sobre os altos e baixos, o amor e o medo presentes na existência. Se um escorpiano o considerar digno, você estará com um parceiro que o apoiará no nível mais profundo de seu ser, uma vez que não fugirá das suas sombras ou tentará diminuir sua luz.

Nesse processo íntimo, os escorpianos fomentam transformação, tanto em si quanto nos parceiros, utilizando a relação para desenvolvimento pessoal e confiança. Contudo, se forem muito atraídos pelas trevas, eles misturam amor com ceticismo e passam a negar a confiança. Esse é seu mecanismo de defesa favorito, embora só os defenda de uma experiência que desejam profundamente. Os escorpianos também precisam conter sua procura por culpa e traição ou terminarão paranoicos e solitários.

Os temas da canção de Escorpião são bênçãos do Eu recém-transformado, marchas pela bravura e a derrota da adversidade. Por ser a personificação da intimidade, o escorpiano pode reconhecer a sombra e identificar a escuridão, mas também é capaz de transcender a morte e essa mesma escuridão com resiliência, foco e determinação. Para alcançar a intimidade, precisamos conhecer esses dois lados; afinal, todos os relacionamentos e todas as personalidades são ambivalentes. Essa energia convergente é o poder fixo da água, concedendo ao oceano a força para livrá-lo das sombras do passado e dar as boas-vindas a tudo que é novo.

AQUÁRIO: Ar Fixo – Personificação da Comunidade
Será possível que um elemento como o ar encontre um ponto central fixo? Sem dúvidas. É preciso comparar o ar com a mente para encontrarmos uma conexão apropriada. Um ângulo muito fascinante dessa questão é o fato de diversas escolas de pensamento espiritual acreditarem na ideia de uma consciência coletiva. Isso significa que na mente de cada pessoa há um conjunto fixo de imagens e impulsos em comum. Já imaginou? Um denominador comum entre todos nós. Não é exagero imaginar a humanidade compartilhando necessidades irredutíveis de forma comunitária. O guardião dos portões dessa comunidade é o signo de Aquário.

Contudo, o ritmo da música de Aquário é bastante disruptivo; intencionalmente, é claro. Não se importa com a percepção de ninguém do que é o tempo, a melodia e a composição correta. Pula de instrumento a instrumento, de canto a canto. É subversivo. Você aprecia aquele sentimento lunático, mas não consegue deixar de se perguntar sobre as regras de ritmo e consistência. Esse é o dom de Aquário. Quando os limites superficiais se dissipam junto à eletricidade desse signo, você percebe que o que sobrou é muito significativo; é nossa humanidade compartilhada. Aquário é a incorporação dessa coletividade.

Essa personificação, inclusive, funciona até mesmo no trabalho. Com inteligência e determinação, o aquariano é obrigado a romper com a ideia de tratamento especial dentro do coletivo e a nos ajudar a perceber que ninguém é melhor do que ninguém. Através de uma grande variedade de mídias, como contação de histórias, canções ou qualquer outra coisa altamente racional, o melhor trabalho feito por Aquário envolve a junção comum presente em duas mentes. As histórias específicas com as quais você se identifica, por exemplo, que todos temos em comum. Graças a Aquário, a humanidade percebe sua conectividade compartilhada e, assim, chega à regra de ouro. Porque, se conseguirmos, seremos capazes de nos libertar. Devido aos seus ideais cheios de tenacidade, o aquariano precisa se manter focado e curioso acerca de questões divergentes. Questionar, interpretar e analisar todo tipo de contraste permitirá não só que as pessoas regidas sob esse signo honrem sua missão, mas também que possam incluir todo mundo.

Aquário, um signo fixo do ar capaz de se conectar a todo mundo com o mais alto padrão de excelência, sempre se apaixona de um jeito belíssimo. Ele se apaixona ao se tornar um espaço de transformação para o ser amado. Sem agir de forma possessiva ou territorialista, pois, de seu ponto de vista, tornar-se dono de uma pessoa é algo limitante para ambos; o aquariano ama com desapego saudável, com lealdade reverente, generosidade e uma curiosidade intelectual voltada ao crescimento do próprio parceiro. O aquariano é atencioso de forma tão potente que seu parceiro se sente à vontade para ser quem é por meio dessa consciência amorosa. O amor de Aquário é altamente intelectual, por isso faça questão de demonstrar a melhor comunicação verbal possível para que note seu interesse. No amor, um pouco de urgência proativa é sempre bem-vinda. Justamente por não quererem limitar a liberdade, os aquarianos podem parecer meio distraídos ou desapegados demais de seus pretendentes. Um pouco de proatividade emocional pode ser a chave para destrancar a mutualidade e as preferências do parceiro.

Qualquer canção de harmonia disruptiva que inspire uma individualidade coletiva, porém selvagem, pertence a Aquário. Se isso parece meio tolo, é porque esse é o propósito. O signo de Aquário compõe odes para grandes encontros que unem diferentes pessoas e sustentam a identidade coletiva singular composta pelo signo. Ficar de mãos dadas com estranhos durante um show ou chorar no cinema durante a exibição de um filme são momentos aquarianos. A função desse signo é preciosa justamente porque todas as escolas de pensamento espiritual estão focadas nesses momentos de humanidade compartilhada como sendo a cura para nossa crise de desconexão. Assim, esse signo fixo de ar nos relembra que estamos todos intrinsecamente conectados em nossas mentes; por isso, devemos ser justos na forma como tratamos cada um.

SIGNOS MUTÁVEIS

Gêmeos | Virgem | Sagitário | Peixes

Um segundo após o último refrão da música é justamente o momento em que o signo mutável aparece; a conclusão que contém a amálgama da introdução dos signos cardinais, o refrão dos fixos e uma belíssima recapitulação. Você verá, na página intitulada "Mutáveis", que a composição deles não se parece com nada que tenha visto antes. Ela tem múltiplas dimensões. É a única partitura com revisões rabiscadas à mão. Ali você consegue visualizar a maioria das mudanças de tons e as transições que honram o *grand finale* dos signos em mutação constante: Gêmeos, Virgem, Sagitário e Peixes.

Os signos mutáveis são os quatro maiores paradoxos do zodíaco. No calendário, lembre-se de que suas estações são duas em uma. Por isso, são desvinculadas de diversos cenários. Essa distância dá às mentes mutáveis uma orientação harmônica e uma incrível habilidade para abraçar diversas verdades paralelas e até absurdas. Não são fãs da abordagem "ou isso ou aquilo". Preferem "as duas opções e até uma terceira, se tiver". Se partir do mesmo princípio, você conquistará um respeito infindável deles.

Já discutimos diversas verdades espirituais e como o zodíaco as contextualiza. Algo que ressalta os signos mutáveis é a máxima que afirma que a única constância da vida é a mudança. Todos sabemos disso em nível intelectual. Mas com que frequência permitimos nos adaptar a essa verdade? Do âmbito pessoal ao político, conhecemos e desconhecemos, tudo ao mesmo tempo. Essa é a lição do signo mutável. É por isso que sua canção pode salvar o mundo.

GÊMEOS: Ar Mutável — Diálogo de Transição

O pior do inverno já passou. A solidão terminou. A primavera está aqui e o verão está a caminho. As janelas estão abertas. O ar fresco invade a casa. Ele está em todo o lugar. A energia mutável abarca semelhanças e contrapontos. É a combinação perfeita para o elemento ar. Falando de dualidade, não podemos deixar de nos lembrar dos Gêmeos que voavam em círculos ao seu redor, cheios de perguntas, observações e um senso de humor atrevido. Embora os gêmeos tumultuem um pouco as coisas, são muito eloquentes e escolhem com cuidado as palavras, a articulação e a estrutura da frase.

Não pisque! Se fizer isso, perderá o compasso do geminiano. Ele é como um som agudo amplificado. Começa rápido e alto, com uma gama de sons etéreos que despertam a mente. Tão logo você se acostuma ao volume e à velocidade da música, ela perde velocidade e se torna mais suave. Você mergulha nela. Como é possível que, na metade da canção, ela ganhe outra sonoridade tão facilmente? Essa cadência geminiana de simultaneidade é responsável por aplicar uma transição também dentro do diálogo. Como o mensageiro do zodíaco, eles se comunicam e ajudam a passar o microfone do falante para o ouvinte com graça mercuriana. É por isso que sua carreira deve se focar na área da Comunicação, trabalhando como escritores, acadêmicos, palestrantes, pesquisadores e assim por diante. Ao mesmo tempo, os geminianos são tanto o orador como a plateia. Eles podem intuir o que o ouvinte necessita escutar e falar com a inteligência precisa que reúnem para o sucesso de seu aprendizado. Quando o geminiano trabalha, ele vive em circunstâncias aceleradas e expansivas. No trabalho, precisa se sentir confortável em dizer "Ainda não sei, espere um pouco", enquanto decide os detalhes. A inconsistência é consequência do comportamento disperso de um dos gêmeos, portanto a única solução é anunciar: "Não tenho certeza. Quando descobrir, te aviso".

Sabemos que é preciso usar o intelecto para nutrir uma conexão significativa. Os geminianos são capazes de usar facilmente essa energia mental para compreender seus parceiros. Com a quantidade certa de perguntas e uma escuta envolvente, a consciência do geminiano cria o contexto perfeito para o amor respirar. É por isso que a música desse signo é igualmente alta e rápida, baixa e calma. Ela é alta quando a pessoa de Gêmeos está envolvida, tentando compreender seu parceiro, e silenciosa quando está realizando uma escuta ativa. Os geminianos são a *comuna* da *comunicação*, fazendo uma transição harmoniosa dentro do diálogo de forma que ambos, tanto o geminiano quanto seu parceiro, se sintam vistos e compreendidos. No entanto, se for racional demais, o geminiano pode acabar negligenciando uma situação emotiva, impedindo que a saúde de seu relacionamento se sustente. Como muitas experiências afetivas precisam ser sentidas primeiro, e só depois analisadas, o geminiano deve se adaptar a esse paradigma.

Sendo um signo de ar mutável, a função de Gêmeos é fazer a transição da linguagem entre falantes e ouvintes — uma técnica que o mundo precisa desesperadamente aprender. Muitas pessoas se comunicam por meio de monólogos bidirecionais. Os geminianos, contudo, iniciam a interface do diálogo por meio da tradução de canções envolvendo percepção, compreensão e mutualidade. Imagine um mundo no qual a maioria de nós se sente verdadeiramente ouvida, não abandonada em meio a conversas nas quais os ouvintes são incapazes de se envolver com as narrativas compartilhadas. No diálogo regido por Gêmeos, todos podemos aprender a falar, escutar, compreender e compartilhar nossas experiências mais profundas.

VIRGEM: Terra Mutável — Serviço de Transição

Que tal me encontrar no meio do caminho? O período entre o fim de agosto e o início de setembro é o meio exato do calendário astrológico. Sazonalmente, isso faz sentido, pois acabamos de passar pela primavera e verão e estamos nos preparando para o outono e o inverno. O universo sabia exatamente o que estava fazendo ao colocar o signo de Virgem bem no centro de tudo. Embora não seja o primeiro signo de Terra, e sim o segundo, a função mutável do signo de Virgem é muito curiosa; afinal, o termo "mutável" para elementos como Ar, Água e Fogo faz sentido. Mas como explicar a adaptabilidade do elemento mais rígido de todos?

Em comparação com os outros signos mutáveis, o ritmo de Virgem não é tão dicotômico quanto o restante, mas sim cumulativo. Ali reside o dois-em-um. A velocidade de Virgem não é mercuriana e errática como a de Gêmeos, mas muito urgente. E sua música se desenvolve em uma progressão perfeitamente integrada, pois isso é necessário para alcançar o ponto central e crítico de Virgem. No centro do zodíaco, o universo delega ao signo de Virgem a função de fazer o serviço de transição. Uma vez que ele representa o auge da evolução pessoal, intocada por influências externas, essa orientação interna leva os virginianos às mais saudáveis e apropriadas situações, circunstâncias e eventos, promovendo a excelência individual. Mas isso é só metade de sua canção. O resto dela progride quando o virginiano é capaz de transmitir o conhecimento de seu serviço interior para ensinar aos outros como adquirir a própria sabedoria. As pessoas desse signo podem servir, profissionalmente, de maneira muito mais eficiente enquanto dominam plenamente a própria excelência, sendo capazes, portanto, de incentivar outras pessoas a fazer o mesmo. Na carreira, esse signo está principalmente nas áreas de saúde e bem-estar — afinal, existe orientação interior melhor que essa? — e em todos os âmbitos que envolvem o cérebro, como a educação, a pesquisa científica, a escrita e os dados analíticos. O *feedback* daqueles que trabalham com afinco em escritórios é o mais simples de todos: "Relaxe!". Para manter a eficiência e o moral em dia, o que o virginiano precisa fazer é abrir mão do controle sempre que necessário e inspirar seus colegas de trabalho a identificar a solução em vez de se focar no problema.

Como signo mutável, Virgem é cérebro e coração ao mesmo tempo. Ele demonstra, de forma zelosa, o amor por seus parceiros através de práticas emocionais e intelectuais. Incrivelmente modestos e autoconscientes, os virginianos se abrem ao romance sem pressa, prestando muita atenção no comportamento de seus pretendentes/parceiros de forma proativa e buscando uma combinação ressonante. É muito provável que se apaixonem por pessoas extrovertidas e de coração aberto, encantadoras em termos de diálogo, consciência social e confiabilidade. A partir daí, o virginiano serve completamente a seu parceiro, garantindo que cada detalhe da vida dele funcione perfeitamente. Programado para servir, ele precisa aprender a não confundir amor com necessidade. Embora todos nós desejemos ajudar aqueles que amamos, há quem, inconscientemente, escolha o sofrimento. Os virginianos têm a propensão de se apaixonar por pessoas que se recusam a cuidar sozinhas das próprias vidas. Por outro lado, também precisam aprender a evitar tecer críticas ou tentar resolver todos os problemas das pessoas. Às vezes, a única coisa de que alguém precisa é outro que escute, não que corra para apagar o incêndio.

Devido à excepcional inteligência interior de Virgem combinada à precisão surpreendente com que encontra soluções para todo tipo de problemas, sua música relembra o zodíaco que servir ao lado pessoal e aos relacionamentos é a atividade mais inteligente que podemos praticar. As melodias de serviço interpessoal e individual são a melhor base possível para a colaboração. Os virginianos estão aqui para mostrar como servir ao interior e ao exterior com harmonia. Ao fazerem o serviço de transição do nível pessoal para o relacional, os virginianos começam uma evolução no zodíaco que vai além do duro individualismo e da família, passando a enxergar o mundo sob a perspectiva de uma amada comunidade. O universo, por sua vez, canta uma música ainda mais doce em nome dessa honrada inovação.

SAGITÁRIO: Fogo Mutável – Sabedoria de Transição

O enredo das histórias festivas contadas todo inverno nunca muda. Sabemos de cor o início, o meio e o fim das nossas favoritas. Mas não as escutamos anualmente só por esse motivo. É porque nós mudamos. Assim, precisamos relembrar nosso progresso quando confrontados com essas narrativas consistentes. Ao ouvirmos cuidadosamente tais contos, nós fechamos o calendário com um *grand finale*, fazendo uma retrospectiva do ano que passou a fim de encontrar a "razão" por trás de todos os nossos erros e acertos. Com bastante frequência, o espírito humano costuma sentir gratidão pelas suas experiências e um grande senso de otimismo acerca do que está por vir. O último signo de Fogo do zodíaco e sua força de convicção existem justamente para nos lembrar do nosso poder interior.

Uma melodia rápida, veloz a ponto de parecer tema de corrida, costuma ilustrar bem o signo de Sagitário. Uma das minhas músicas favoritas, por exemplo, escrita e composta por um sagitariano, tem uma cadência que se assemelha ao som de cavalos galopando. Sendo um signo de Fogo mutável, o poder de Sagitário reside em sua rápida combustão e em sua habilidade expansiva para inspirar admiração e pertencimento coletivo. Como o Centauro, ser mitológico metade cavalo e metade humano, a tarefa desse signo dentro da família mutável das transições é intencional. Porque personifica a animalidade e a racionalidade presentes nos impulsos humanos, a função de Sagitário é a transição da sabedoria — do animal ao humano. A lição que o cavalo ensina ao homem é que não devemos competir, mas sim colaborar. A base dessa função é a percepção sagitariana proativa da gentileza e da inocência em vez da culpa e do resgate emocional diante da vergonha.

É claro que Sagitário pode oferecer essa filosofia altruísta profissionalmente, especialmente através de suas habilidades prolíficas de comunicador, investigador de fatos, contador de histórias, acadêmico e rastreador de interesses comuns. Em outras palavras, por descobrirem facilmente o que têm em comum com outras pessoas, os sagitarianos aumentam a lealdade, o companheirismo e o *network* onde quer que estejam. Ao encontrarem semelhanças entre seus pares e trabalharem a partir dessas similaridades, demonstram uma sabedoria tremenda; um presente para o ambiente de trabalho. A prática de *multitasking* em grupo pode ser complexa, por isso o sagitariano precisa dedicar uma parte significativa de seu tempo para se focar nos detalhes, uma vez que nenhuma colaboração pode ter sucesso sem que todas as tarefas tenham sido cumpridas. No entanto, com um pouco mais de foco e muita calma, isso pode ser resolvido.

Devido à disponibilidade holística do signo, o sagitariano é capaz de escrever uma história de amor majestosa com outra pessoa. Graças à sua sinergia animal e racional, ele não tolera carência e comparações, por isso ama generosamente, de forma segura e de coração aberto, concedendo a seus parceiros presença e liberdade, e em troca esperam encontrar o mesmo nível de envolvimento. Apaixonado, curioso e capaz de demonstrações poderosas de afeto, o sagitariano é como um incêndio de amor. Impressione o centauro com seu otimismo, sua autoconfiança, sua alegria e suas habilidades de comunicação verbal. Contudo, nem a maior autoconfiança de todas pode proteger o companheiro de um sagitariano de seu sarcasmo. Seria mais sábio que as pessoas regidas por esse signo aprendessem a refletir por alguns segundos antes de fazer qualquer comentário.

A coisa em que mais pensamos no fim do ano é sobre como a qualidade de nossos relacionamentos é a fonte do sentido da vida. Nossas relações nos trazem alegria, nos inspiram a crescer. Por isso, o signo de Sagitário faz a transição da sabedoria; afinal, existe algo mais sábio que encontrar o melhor nas pessoas e em todas as situações, dando luz à circunstância de todas as coisas? Assim, ele usa seu arco e flecha, atingindo diretamente o alvo: o sentido da vida. Somos sempre nossa melhor versão, e todo cenário é o certo para a colaboração e a aventura. Então, aumentamos o volume e ouvimos, felizes, a música de inspiração e liberdade de Sagitário, montando em seu lombo de centauro e galopando juntos em direção ao pôr do sol.

PEIXES: Água Mutável — Emocionalidade de Transição

Como agarrar um sentimento? Ele pede para ser sentido, compreendido ou ambos? Essas são algumas das perguntas que fazemos durante o fim do sono invernal e em antecipação ao nascimento da primavera. Justamente porque esse momento decisivo está presente tanto no zodíaco quanto no calendário padrão, ele exige uma profunda introspecção e certa distância de possíveis distrações, por isso somos levados a enfrentar, abraçar e fazer as pazes com o nosso lado emotivo. Em quase todas as áreas da cultura popular, recebemos ferramentas contraproducentes para o nosso processamento de emoções, mas então o signo de Peixes sai do mar e pisa na costa, fechando os olhos e apontando para o nosso coração.

Peixes não é só o último signo do zodíaco, mas também o último signo de Água. É uma conclusão e tanto. Uma verdadeira personificação de todas as melodias, estruturas e tons anteriores, a cadência de Peixes se inicia com um aumento gradual dos mais belos sons orquestrais em perfeita harmonia, até atingir o clímax da canção. Você será capaz de escutar o momento no qual todos os signos se unem no *opus*. Mas sentirá isso antes no seu coração. Sua consciência fará com que a música diminua gradualmente, em ordem reversa. Só assim conseguirá ouvir e sentir a forma como Peixes faz a transição de emoções dentro do zodíaco.

A última função determinada pelo universo para esse signo é encontrar pela emoção o amor presente no próprio coração e falar ao amor de outras pessoas. Embora nenhum signo tenha monopólio sobre esse sentimento, é Peixes que detém a tarefa de ajudar o zodíaco a compreender que o amor coletivo é o lugar no qual todos os doze signos se tornam um só. Do fundo do mar, o signo de Peixes nos ajudará a alcançar o topo da montanha espiritual. Assim, no ambiente de trabalho, estão fundamentalmente inclinados a se colocar em serviço da cura emocional das pessoas, pois o pisciano ama profundamente. Seja através das artes criativas ou dos campos de cura, Peixes pode fornecer seus dons divinos para ajudar todos a seu redor a entender que dar e receber amor é a única coisa que devemos fazer para vivermos uma vida significativa. Contudo, os nascidos sob esse signo precisam tomar cuidado para não se sacrificar demais ou negar a capacidade de dar e receber amor só porque a maioria de nós tem dificuldade de fazer isso.

É óbvio que um signo tão íntimo do amor é uma pessoa que ama intensamente. Com profundeza e sensibilidade, personificadas em sua morada oceânica, os piscianos oferecem um santuário de cura e compaixão, além de um extraordinário senso de consciência que inspira o ser amado a se sentir valorizado e respeitado. Através de emoções não verbais, basta que o amor pisciano seja sentido para que saibamos o quão real ele é. A empatia geralmente os inspira a se abrir com aqueles que também estejam tentando fazer do mundo um lugar melhor. Um dos peixes do símbolo de Peixes admira pretendentes que tornem a vida mais radiante, doce e amorosa. O segundo peixe pode acabar se voltando para a autossabotagem, apaixonando-se por pessoas emocionalmente evasivas, frias e distantes. O pisciano encontrará uma união profunda entre ambos os peixes se aprender a identificar e articular experiências rapidamente, a fim de evitar criar conspirações em seu mundo interno e catástrofes reais no mundo externo.

A astrologia é a sinfonia do universo. Sua obra-prima é a canção do amor. A ode de Peixes é o *grand finale* dessa composição. Assim, qualquer arte que inspire uma mudança de coração, principalmente no que diz respeito a se tornar mais aberto ao amor, é a transição de emoções liderada por Peixes. Se você sabe o que é capaz de mudar um coração, também sabe o que pode mudar o mundo. O amor é o que inspira a melhor transição. A criatividade, a amizade e o empoderamento de Peixes são as águas nas quais nos purificamos do medo e onde lembramos que somente o amor é real.

Mapas do Amor: Questão de "Compatibilidade"

MANUAL PRÁTICO DA
ASTROLOGIA

TODOS OS SIGNOS SÃO COMPATÍVEIS. ISSO MESMO. Acredito fervorosamente nesse princípio. Embora alguns astrólogos categorizem a compatibilidade astral com base na facilidade de comunicação, não aceito essa crença porque repudia diretamente a teoria de relacionamentos de longa data desenvolvida por especialistas deste campo. Então, escreverei novamente para que você absorva bem essa informação: todos os signos são compatíveis.

Neste capítulo, explicarei como a compatibilidade astrológica é medida por seis diferentes distâncias entre dois signos. Sejam elas longas ou curtas, essas distâncias determinam a energia entre ambos os signos, sustentando, dessa forma, dons específicos e pontos cegos que o par pode compreender melhor a fim de construir uma relação mais bem-sucedida.

"HABITANTES DA MESMA CASA" — COMBINAÇÃO HOMOGÊNEA

Olhe o nível de conforto que você sente ao falar a mesma linguagem de amor que o seu parceiro. Na combinação homogênea — quando os signos estão inteiramente conectados —, você e seu companheiro são capazes de definir valores românticos similares. Possuir esse tipo de química, harmônica e convergente, permite que confiem um no outro e sejam honestos, uma vez que ambas as energias usam a mesma linguagem para se expressar. As melhores virtudes dentro de cada signo acabam se espelhando no casal, o que cria uma dinâmica que eleva a autoconsciência de maneira bastante reflexiva e poderosa. Porque esses laços costumam ser imediatos, os parceiros devem se beneficiar de acertar o passo para permitir que essa química e energia se desenvolvam, cumulativamente, ao longo do tempo. Ter as mesmas movimentações astrológicas confere muita confiabilidade ao par. Vocês se sentirão em casa, como membros da mesma família. Experimentar todo tipo de contraste, mistério, coisas inesperadas e desconhecidas manterá o desejo sempre aceso. Caso contrário, esse conforto pode parecer excessivo demais, e o tédio se fará presente.

"VIZINHOS PRÓXIMOS" – COMBINAÇÃO HETEROGÊNEA

Os signos à nossa esquerda e à nossa direita têm pouco ou nada em comum conosco. E assim deve ser. A combinação heterogênea é uma compatibilidade extremamente poderosa, devido à importante função que o casal tem de honrar as diferenças e celebrar a individualidade do casal ao longo do relacionamento. É provável que essa combinação se desenvolva mais lentamente, pois o casal vai se entendendo aos poucos. Mas tão logo ocorra a proximidade, os dois precisam permanecer compreensivos e curiosos sobre as diferenças entre eles, pois assim podem desenvolver uma relação magnificente, cheia de possibilidades alternativas. É comum que desejemos que nossos parceiros pensem, sintam e se comportem exatamente como nós. Ou pior; queremos estar sempre "certos". Isso é impossível na combinação heterogênea orquestrada pelo universo. Essa compatibilidade inspira um crescimento significativo no contexto das diferenças humanas e sempre encoraja que o casal saia de suas zonas de conforto. Se a lealdade entre eles for profunda, ela suportará o tempo que for necessário para que se adaptem às necessidades um do outro. Dialogar de forma proativa e franca sobre as expectativas românticas do casal inspirará momentos de conexão que ajudarão na harmonia da dinâmica heterogênea.

"DUAS CASAS ABAIXO" – COMBINAÇÃO SEXTIL

Tenha em mãos sua tabela periódica porque agora você vai aprender o que é química! Os signos que estão a duas casas da sua — tanto à esquerda quanto à direita — formam a combinação sextil. A química entre eles é parecida com uma caixa de fósforos cujos palitos se acendem todos de uma só vez. Tudo se inicia com uma fácil, divertida e bela amizade. Os casais dessa combinação costumam se sentir muito felizes por estarem perto do parceiro, o que é algo que todo mundo deseja em um romance. Esse tipo de compatibilidade inspira alegria, risadas, colaboração e a empolgação da conexão. Com toda essa eletricidade e poder, o par precisa instaurar ativamente a estabilidade e a racionalidade se a intenção for ter um relacionamento sério. É claro que palavras como *expectativas*, *valores* e *aprendizado* não soam nada excitantes na cama, mas considere essas conversas as protetoras da química que você tanto aprecia nessa combinação. Os signos sextis vivem uma dinâmica baseada em questões complementares. Lembre-se do que o ar faz ao fogo e a água à terra. É claro que chegar a um meio-termo no relacionamento permitirá que o casal una forças e jogue para ganhar.

"LOGO ALI NA ESQUINA" — COMBINAÇÃO QUADRANTE

Logo à esquerda! Logo à direita! Os signos que estão três casas antes ou depois do seu costumam ser bastante diferentes do que você está acostumado; pelo menos é isso que você pensa. A combinação quadrante é uma dinâmica de compatibilidade entre signos que compartilham da mesma característica — cardinal, fixa ou mutável — com você. Foram concebidos sob a mesma característica, mas têm metas diferentes. A combinação quadrante é composta de uma dinâmica de vaivém que pode empolgar os mais aventureiros e repelir as almas mais voltadas ao amor seguro e confortável. Uma vez que os dois signos dividem a mesma característica, saiba que o sucesso do relacionamento depende de reconhecer que as diferenças entre o casal são superficiais. O laço entre eles se dá no conteúdo, algo profundamente significativo, porém que se revela com bastante lentidão ao par. As combinações quadrantes testarão sua paciência, seu perdão e suas habilidades de negociação enquanto vive esse estimado romance. Levando em consideração o profundo laço que os une, se os dois estiverem dispostos a fazer concessões e colaborar, formarão uma primorosa dupla de pega-pega.

"NÃO HÁ LUGAR COMO O NOSSO LAR" – COMBINAÇÃO TRIGONAL

Semelhante atrai semelhante, certo? A fantástica combinação trigonal inspira o relacionamento entre signos nascidos no mesmo elemento, quatro posições antes ou depois de você. Assim, as maneiras como os dois se envolvem consigo mesmos e com o mundo são incrivelmente harmoniosas. Capaz de resolver problemas com destreza e evitar conflitos, a combinação trigonal tem uma energia tão poderosa quanto a própria palavra. Dependente e confortável, essa combinação é como um profundo suspiro. A pessoa simplesmente o entende. Você simplesmente a entende. Finalmente! A confiança é uma consequência desse par, algo que deve ser profundamente celebrado. Dadas as semelhanças que promovem o entendimento do casal, essa combinação se beneficia ao incorporar tudo o que é desconhecido, exótico e misterioso no relacionamento para apimentar um pouco as coisas. Todos os relacionamentos são um paradoxo entre confiança e mistério, então, como essa combinação inspira confiança, o casal deve buscar um pouco de mistério. De outra forma, o excesso de conforto pode se tornar complacência. Assim construirão um belíssimo contêiner baseado em suas convergências, envolvendo todo o poder desse relacionamento.

"SERÁ QUE VIVEMOS NO MESMO PLANETA?" — COMBINAÇÃO QUINCÔNCIA

No que diz respeito à compatibilidade, nenhum casal é tão estranho quanto os que estão a cinco signos de distância um do outro. Por isso, quando o universo cria uma combinação quincôncia, o casal, em um primeiro momento, sentirá que está tudo errado. Como o outro é completamente diferente, eles se confrontarão sobre as possibilidades de ter experiências de vida quase extraterrenas. Há beleza verdadeira e um crescimento pessoal notável nesses relacionamentos sempre que o casal tira um tempo para entender quem é aquele alienígena de quem não conseguem ficar longe. A sabedoria dessas experiências se transfere de um para o outro. A adaptabilidade se torna uma de suas habilidades mais bem desenvolvidas. Porque o mistério é tão predominante nessa dinâmica, confissões proativas dão confiança e mantêm o relacionamento funcionando de forma muito bem-sucedida. É possível supor que o casal não faça muita ideia das intenções do outro no dia a dia. Portanto, explicações detalhadas podem dar ao parceiro alguma clareza para prever certas necessidades do amado, satisfazê-las e assim, manter a dinâmica segura.

"DO OUTRO LADO DA RUA" – COMBINAÇÃO POLARIZADA

Existem seis pares de polaridades, mas só temos um "outro". Essa combinação é feita de uma compatibilidade termonuclear. O par está em lados opostos da roda do zodíaco. No entanto, é importante lembrar que a linha de chegada é a mesma. Então, eles se encaram diretamente de seus pontos de vantagem dentro do zodíaco e a sua história amorosa se transforma em uma corrida até a linha de chegada. A combinação polarizada é composta de pessoas opostas que são idênticas em conteúdo. O meio-termo sempre será aquele lugar doce e delicado onde a verdadeira intimidade e comunhão são encontradas. Tão logo as diferenças irrelevantes são deixadas de lado, tudo que sobra é o que lutam para manter. Contudo, é preciso um enorme entendimento sobre si mesmo e uma profunda força de vontade para alcançar a mutualidade. Se essa oposição do casal for bem manejada, sua afinidade e seu magnetismo serão incomparáveis. Caso contrário, se assumirem plenamente a forma da polaridade, eles se repelirão. Essa dinâmica é uma casa de força de mundos gigantescos colidindo para se tornar um só.

Acredito que todo relacionamento é uma missão, como ensinado em *A Course in Miracles*, um curso que nos ensina que todas as nossas parcerias se tornam hospitais para a alma e laboratórios para o espírito. O único árbitro da compatibilidade astral somos nós mesmos, o quanto estamos dispostos a comparecer, a aprender com o outro e a manter nossos corações abertos para o amor. Isso não depende do tempo passado com a outra pessoa, mas sim dos ensinamentos aprendidos. Se você conseguir se curar rapidamente (digamos, duas semanas) do término com outra pessoa, então seu relacionamento foi um grande sucesso. Se você imaginar a distância entre os signos como mapas que deve analisar para poder encontrar o outro, então descobrirá que não há compatibilidade boa ou ruim. Todo relacionamento, seja ele casual ou duradouro, oferece ao par uma dinâmica para colaborar e aprender as lições do amor em conjunto.

Assistência Astrológica: Planejando Oportunidades

MANUAL PRÁTICO DA
ASTROLOGIA

JÁ ADIANTO QUE ESTE CAPÍTULO SERÁ O MAIS TÉCnico de todos. Mas não se assuste! Você chegou até aqui, então será perfeitamente capaz de compreender a metodologia. Para poder utilizar a astrologia como ferramenta assistente dentro de seu planejamento, dê uma revisada em tudo que aprendeu sobre luminares e planetas no capítulo 2 deste livro. Dessa forma, você conseguirá recordar não só os conceitos principais, como também o tempo de cada ator celestial, podendo planejar seu presente e futuro de acordo com eles.

Depois, será preciso manter as identidades dos doze distintos, porém conectados, signos do zodíaco, uma vez que você utilizará essas características para criar o conteúdo de seu mapa astral. Imagine que o mapa astral é um bolo, e o zodíaco, a cobertura. Escreva o momento e o lugar exatos de seu nascimento — data, hora exata, cidade/estado/país de nascimento — em qualquer *site* gratuito e seu mapa astral estará à mão para usarmos neste capítulo. Você pode começar o método de planejamento descobrindo seu ascendente. Olha só, é facílimo! Toda calculadora de mapa astral começa com essa informação. O segundo passo é saber o grau do seu ascendente, além das combinações envolvendo os planetas e signos. Recapitulando: você precisará do seu signo ascendente, do grau em que está posicionado e dos graus presentes no restante do seu mapa astral.

Finalmente, para trabalhar com previsões você precisará consultar um calendário astrológico de forma a observar o trânsito dos luminares e planetas. Com seu mapa astral e seu calendário, você conseguirá sobrepor essas transições sobre o mapa e, dessa forma, localizar a energia entre eles. É assim que os astrólogos encontram pontos fixos, energias e temas específicos para seus clientes e para escrever horóscopos. Anotarei aqui as doze casas do mapa para que você possa fazer seu planejamento com sucesso.

Um jeito muito fácil de recordar o que cada uma dessas casas representa é conectar o número de cada uma delas à ordem numérica do zodíaco. Por exemplo: qual dos signos rege as relações românticas? Libra, o sétimo signo do zodíaco. Portanto, a sétima casa do mapa astral é responsável por mostrar nossos envolvimentos afetivos e amorosos. Qual é o signo que rege as questões do lar e da família? Câncer. Câncer é o quarto signo do zodíaco, portanto a quarta casa representa nosso lar e nossa família. Quando você se sentir confiante o suficiente, conhecendo profundamente o coro dos planetas e a canção do zodíaco, estará pronto para executar o que está proposto neste capítulo.

Agora que está com seu mapa astral em mãos e já identificou seu ascendente, você deve saber qual é o signo regente de sua primeira casa e onde o calendário se inicia. Seu mapa astral pode, por exemplo, dizer que você tem ascendente em Virgem, a dezesseis graus. Portanto, quando um planeta em trânsito adentrar Virgem a dezesseis graus, ele terá entrado, oficialmente, na sua primeira casa. Sendo assim, prepare-se para novos começos. Como os luminares e planetas transitam sobre os signos com frequência, você conseguirá monitorá-los rapidamente.

PRIMEIRA CASA —
NOVOS COMEÇOS & NOVAS IDENTIDADES

O trânsito pela primeira casa é um período de renovação, reinvenção e de um recomeço com mais confiança.

SEGUNDA CASA —
SEGURANÇA & VALORES

O trânsito pela segunda casa promove segurança financeira e pessoal, repleta de valores que a sustentam.

TERCEIRA CASA —
INTELECTO & COMUNICAÇÃO

O trânsito pela terceira casa inspira curiosidade, diálogo e comunicação intelectual.

QUARTA CASA —
LAR & EMOTIVIDADE

O trânsito pela quarta casa promove segurança emocional e reverência familiar, além de apoiar a compra e venda de imóveis e todo tipo de melhorias.

QUINTA CASA —
ADIVINHAÇÃO & DIGNIDADE

O trânsito pela quinta casa nos recorda de nossa dignidade inerente, da importância de sermos a melhor versão de nós mesmos, com criatividade, alegria, carisma, romance e paixão.

SEXTA CASA —
AUTONOMIA & BEM-ESTAR

O trânsito pela sexta casa nos auxilia a administrar nossa vida pessoal de forma que o gerenciamento das habilidades do presente possa fortalecer o sucesso do futuro.

SÉTIMA CASA —
RELACIONAMENTOS & CONEXÕES

O trânsito pela sétima casa traz consigo relacionamentos interpessoais, negociações e compromisso, por isso representa um ótimo momento para marcar um casamento.

OITAVA CASA —
AUTENTICIDADE & INTIMIDADE

O trânsito pela oitava casa invoca intimidade erótica, uma transformação profunda através de um laço afetivo e uma busca mística por autenticidade.

NONA CASA —
TRANSFORMAÇÃO & EXPANSÃO

O trânsito pela nona casa nos levará a uma viagem que pode ser de volta aos estudos ou a um novo emprego ou então nos recordará da sabedoria existente no otimismo.

DÉCIMA CASA —
PROPÓSITO & CONTRIBUIÇÃO

O trânsito pela décima casa promove trabalho duro, disciplina e responsabilidade para usar as próprias habilidades com o intuito de contribuir com o coletivo.

DÉCIMA PRIMEIRA CASA —
COMUNIDADE & REVOLUÇÃO

O trânsito pela décima primeira casa nos aproxima de nossos amigos e nossas tribos, trazendo um profundo senso de pertencimento dentro de uma comunidade que existe para ajudar a todos nós.

DÉCIMA SEGUNDA CASA —
ENCERRAMENTO & CURA

A décima segunda casa é espiritual, focada em restabelecimento e cura, podendo trazer grandes encerramentos a áreas nas quais ainda estamos dispostos a trabalhar.

7
Ponto Cármico: Os Nodos Norte e Sul

MANUAL PRÁTICO DA
ASTROLOGIA

NÃO É IRRITANTE COMO RESPIRAR FUNDO E REZAR pedindo equilíbrio pode ser a solução para quase todas as indecisões que enfrentamos na vida? Embora essa pareça a resposta apropriada para todos os momentos de incerteza, a astrologia acredita que o que pode parecer equilíbrio para você é bem diferente do que é equilíbrio para mim. Por isso, aprenderemos sobre os Nodos Norte e Sul.

Astronomicamente, os Nodos indicam um ponto no espaço onde a Lua cruza a elipse ou a órbita da Terra ao redor do Sol, do Norte ao Sul, alternadamente. No seu mapa astral, você descobrirá o Nodo Norte e o Nodo Sul em um par das seis polarizações do zodíaco: Áries/Libra, Touro/Escorpião, Gêmeos/Sagitário, Câncer/Capricórnio, Leão/Aquário ou Virgem/Peixes. Listei-os em ordem cronológica, mas o par nodal não precisa disso. Seu mapa astral pode ter Nodo Norte em Gêmeos com um Nodo Sul em Sagitário.

Saber o seu Nodo é como ter uma poderosa bala de prata para enfrentar os muitos monstros que encontramos durante nossas experiências de vida. Embora não seja a única cura ou aspecto medicinal oferecido pela astrologia, é de bastante ajuda saber em que par você nasceu a fim de conseguir compreender melhor o que o universo deseja que você mantenha e honre, equilibrando crescimento e experimentação em igual medida. O signo do Nodo Sul, por exemplo, representa todos os conceitos e virtudes que você personifica e experimenta. Meus mentores, Ophira e Tali Edut, do AstroTwins, costumam dizer que esse pode ser considerado seu doutorado espiritual. Há outra escola de pensamento, contudo, que acredita que o Nodo Sul diz respeito a questões de vidas passadas, caso a reencarnação seja um conceito com o qual você se identifique. O signo do Nodo Norte, por sua vez, contém a chave capaz de liberar o máximo potencial da sua presente encarnação. Ao conhecermos, com maestria, os dons do Nodo Sul, podemos aplicá-los corretamente à missão do Nodo Norte e, assim, alcançar tudo o que o universo exige de nós.

Eu amo essa dinâmica polarizada porque acredito que encontrar o equilíbrio perfeito entre signos opostos é como o paraíso na Terra. A intencionalidade presente na polarização dos Nodos é fascinante, pois convence o praticante de que, mesmo no que se refere ao signo oposto, sempre há um denominador comum.

Neste capítulo, explicarei as qualidades do Nodo Sul para que você seja capaz de identificar as virtudes com as quais nasceu. Não renuncie a elas; essas virtudes devem ser mantidas e compartilhadas. Acrescentarei às informações alguns pontos cegos em potencial a fim de que você esteja ciente do comportamento reflexivo que pode inibi-lo de se tornar a melhor versão de si mesmo. Conviver com a dicotomia nodal é um trabalho que pode durar uma vida inteira. Gostaria de poder dar somente respostas fáceis, mas devemos aprender a conviver com as dúvidas e a buscar respostas por nós mesmos.

NODOS DE ÁRIES & LIBRA: EQUILÍBRIO NOS RELACIONAMENTOS

Nascido para enfrentar a missão "Devo pensar primeiro em mim? Ou devo pensar em nós?", o equilíbrio central dos nodos na área de relacionamentos é aprender como intermediar mutuamente as necessidades do indivíduo, reconhecendo sua verdadeira importância para a sobrevivência do relacionamento. Todo mundo precisa ganhar esse jogo ou então nada feito. A pessoa com o Nodo Sul em Áries pode honrar sua habilidade de guardar segredos e ser segura sem precisar da validação de terceiros. Embora o fogo de Áries possa arder quando se trata de autopreservação e quando falta o controle de impulso social, o Nodo Sul em Áries precisa se lembrar da tarefa do Nodo Norte em Libra, que pede que se encoraje outras pessoas a encontrar confiança dentro de seus relacionamentos. Alguém com Nodo Sul em Libra deve se mostrar grato por suas habilidades interpessoais, dons sociais e poder estético. Contudo, pode pecar por excesso de dependência e superficialidade se não se atentar a isso. Por isso, lembre-se que o Nodo Norte em Áries carrega consigo a missão de incorporar uma autorrenovação sem pedir permissão a terceiros.

NODOS DE TOURO & ESCORPIÃO: EQUILÍBRIO DE VALORES

Nascido na tensão existente entre preservação e destruição, o equilíbrio entre Touro e Escorpião envolve o encontro de um ponto central entre os valores práticos e espirituais. Claro que dinheiro é importante, assim como outros valores circunstanciais, mas, no fim das contas, será que algo realmente importa se não for significativo? As pessoas com Nodo Sul em Touro costumam ser abençoadas com a capacidade de encontrar segurança, conforto e requinte em absolutamente todos os lugares em que estiverem. Contudo, um Nodo Norte em Escorpião existe para lembrá-las que se pode ter todo o conforto do mundo e ainda assim não conseguir crescer; portanto, para isso, é preciso fugir de suas zonas de conforto para evoluir o máximo possível. No que diz respeito às pessoas com Nodo Sul em Escorpião, elas têm um radar apurado para ideias profundas da vida, como intimidade, transformação e autenticidade. Ainda assim, podem acabar presas nas trevas. A tarefa de alguém com Nodo Norte em Touro é se lembrar de valores mais leves e luminosos, como a alegria, a sensualidade e o amor.

NODOS DE GÊMEOS & SAGITÁRIO: EQUILÍBRIO NA COMUNICAÇÃO

Nascida de forma equilibrada entre o orador da turma e o professor da escola, a tarefa nodal de Gêmeos e Sagitário é estudar, colecionar e prestar atenção a todos os detalhes do micro a fim de poder compartilhar suas experiências no macro e ensinar as pessoas ao seu redor. Uma pessoa de Nodo Sul em Gêmeos costuma ser precoce, curiosa, bem-articulada e inteligente, mas perigosamente diletante. A tarefa de alguém sob o Nodo Norte em Sagitário é acumular dados, sintetizar o brilhantismo e mostrar sabedoria de forma ampla. O Nodo Norte em Sagitário descobre depressa, através de uma perspicácia aguda, o que todas as pessoas e todas as coisas têm em comum, a menos que sua percepção esteja dispersa ou muito pouco focada, incapaz de perceber os detalhes importantes. O Nodo Norte em Gêmeos, por outro lado, exige foco e alegria para descobrir detalhes por meio de longas investigações acerca de tópicos específicos.

NODOS DE CÂNCER & CAPRICÓRNIO: EQUILÍBRIO NA FAMÍLIA

Originada entre o amor pela família e o dever da cidadania, a tarefa desse nodal é bastante interessante porque pede que as pessoas que o encarnam obscureçam as fronteiras entre lar e país. Em outras palavras, será que podemos mudar o mundo através do amor? Será que conseguimos tratar a sociedade como nossas próprias famílias ao mesmo tempo que, simultaneamente, tratamos nossas famílias da forma mais justa, moral e responsável possível? Uma pessoa de Nodo Sul em Câncer é compassiva, maternal, centrada e emocionalmente forte. Contudo, sem compostura pode se tornar sofredora ou com uma sensibilidade egoísta. O Nodo Norte em Capricórnio, por outro lado, exige de seus portadores que tratem o público, o trabalho e a sociedade com o comportamento e as expectativas com que tratam a família. Uma pessoa de Nodo Sul em Capricórnio, por sua vez, é disciplinada, trabalhadora e confiável, a menos que só meça o valor próprio pensando na produtividade. Assim, o Nodo Norte em Câncer existe para lembrá-la da glória e do dever que prestamos à família, às emoções, à vulnerabilidade e à segurança.

NODOS DE LEÃO & AQUÁRIO: EQUILÍBRIO DE EMPODERAMENTO

Possuindo tanto uma tendência à liderança divina quanto uma percepção precisa das pessoas que devem liderar incondicionalmente, os nodos em Leão e Aquário são, ao mesmo tempo, o monarca e o reino. Com um carisma radiante e extraterreno, essas estrelas estão destinadas a servir a este mundo. As pessoas com Nodo Sul em Leão são aquelas nascidas com aquele toque a mais, uma presença inconfundível que inspira atenção e devoção, embora tal luz possa brilhar forte demais, machucando terceiros caso a personalidade por trás dela seja muito narcisista e pomposa. O Nodo Norte em Aquário, por sua vez, exige que se faça uso da atenção recebida validando terceiros, despertando consciências e oferecendo acesso ao empoderamento. O Nodo Sul em Aquário sabe, imperativamente, como tocar os corações humanos com sua comunicação, consideração e humanitarismo. Contudo, podem se tornar passivos e preguiçosos caso se encontrem em posições de autoridade onde se sintam desconfortáveis. Por fim, o Nodo Norte em Leão é um trono pronto para ser assumido, tendo sido conquistado com a profunda devoção recebida de todos aqueles que o amam e adoram.

NODOS DE VIRGEM & PEIXES: EQUILÍBRIO DE SERVIÇO

Holístico. Totalmente. Através do serviço físico e metafísico, os nodais de Virgem e Peixes têm a função de tornar algo completo de novo. Pioneiros da mente, do corpo e dos paradigmas envolvendo a cura espiritual, esses nodais buscam integrar a inteligência entre corpo e alma. As pessoas de Nodo Sul em Virgem costumam se preocupar bastante com a saúde, ser astutas, focadas em detalhes e muito analíticas. No entanto, devem tomar cuidado para não se levarem à exaustão por darem ênfase demais à saúde e à estética corporal. O Nodo Norte em Peixes, por sua vez, existe para curar o coração e a alma através de esforços criativos envolvendo a saúde mental ou da construção de carreiras médicas que sejam uma intersecção entre o coração e a saúde física. As pessoas de Nodo Sul em Peixes são donas de uma inteligência divina que regularmente invade seus pensamentos, guiando-as para que digam e façam as coisas mais amáveis possíveis. Tal dom, porém, pode levar ao medo, à negação e à distração. Por outro lado, o Nodo Norte em Virgem exige uma aplicação física para sua sabedoria espiritual. Se houver um equilíbrio cuidadoso entre articulação física e mundana, somado ao impulso metafísico, a combinação das duas modalidades torna a mente, o corpo e o espírito uma coisa só.

MANUAL PRÁTICO DA
ASTROLOGIA

CONCLUSÃO:
"O EXTERIOR É REFLEXO DO INTERIOR"

Embora este seja o último capítulo deste *Manual Prático da Astrologia*, sua jornada está apenas começando. Agora você tem em mãos a chave ancestral capaz de liberar o poder e a clareza do universo, tanto externa quanto internamente. Você conseguirá escutar a canção das estrelas, pois caminha entre elas. Com o conhecimento conquistado com a ajuda deste livro, poderá manifestar a sabedoria astrológica em qualquer área da sua vida; afinal, um pouquinho de companhia cósmica é sempre bem-vinda. Falando nisso, sou profundamente grato pelo tempo que você dedicou à leitura deste livro. Como nota de despedida, eis aqui umas últimas palavras com intuito de servir de guia para que você utilize as ferramentas astrológicas de maneira eficaz e ética.

Sempre que estiver buscando por clareza na sua vida ou na das pessoas ao seu redor, a única coisa que precisa fazer é consultar a rota dos planetas que regem o tópico sobre o qual você está procurando respostas. Acredite que, apesar da dificuldade das circunstâncias — desde mínimas inconveniências até uma catástrofe completa —, tudo é uma lição do universo. Saiba que essas lições de vida fazem parte de uma arquitetura divina. Até mesmo as experiências cronológicas da sua vida seguem uma coreografia magistral, e o tempo planetário subjacente pode ajudar você a abençoar o passado, viver o presente e se preparar para o futuro.

Confie nessa verdade espiritual. Apoie-se na ideia de que o universo está em constante auto-organização e autocorreção com o propósito de fornecer as melhores oportunidades para que você alcance o bem maior. Uma vez que a maior parte de nós aprende nossas lições mais valiosas através da dor combinada a uma pitada de alegria, imagine como essas experiências devem se parecer dentro do nosso mapa astral. Pense nos movimentos dos planetas produzindo todas essas oportunidades para o surgimento do bem. O sofrimento traz consigo empatia. A empatia conecta as pessoas. A alegria traz esperança. A esperança é o que sustenta a vida. Portanto, todas as experiências emocionais são valiosas.

Espero que quando você escutar as canções do Fogo, da Terra, do Ar ou da Água, seu coração reverencie a orquestra do universo e a sinfonia astrológica. Cada signo possui uma função necessária e específica que o universo quer que seja realizada. E, se cada signo é uma combinação de um elemento e uma característica, como abordado anteriormente, então todos são especiais à sua maneira. Para que a sinfonia toque seu *magnum opus*, todos os doze arquétipos precisam receber aceitação e encorajamento.

Esse processo começa com você. Imagine-se como o mensageiro que recebe as transmissões primeiro e depois as compartilha com todos aqueles que precisam ouvi-la. Permita-se, através do vocabulário, dos temas, das características, dos dons e dos pontos cegos localizados em seu mapa, transformar-se na pessoa que deve ser. Mesmo que haja um poço de resistência social vindo das normas dominantes, seja quem você é e não peça desculpas. Mesmo que você se torne uma ariana mais direta e assertiva ou um canceriano bastante receptivo e magnético, aceite-se radicalmente antes de qualquer outra pessoa; dessa forma, o universo não terá escolha exceto alinhar sua vida à sua identidade. Seria sensato seguir seu mapa astral sem cumprir com suas expressões ou possíveis realizações? Claro que não. Viver o que está representado ali será fácil? Será que coisas significativas, que envolvem evolução e crescimento, são fáceis? Não. Mas faça-as mesmo assim.

Através de sua compreensão da astrologia, tente buscar proativamente pelos arquétipos presentes nas pessoas ao seu redor e dê as boas-vindas aos seus melhores aspectos, assim elas se sentirão convidadas a expressar virtude e integridade. Sabemos quando alguém está procurando por nossas falhas de caráter. Por outro lado, também sabemos quando estão buscando enxergar nosso melhor. Seja alguém com uma percepção tão treinada para enxergar o que há de bom nas pessoas que seus arquétipos do zodíaco não terão escolha exceto evoluir. A liderança nada mais é que a capacidade mental de encontrar espaço para o brilhantismo das outras pessoas. Faça questão de deixar um espaço para o resplendor do zodíaco dentro de você.

Embora muitos de nós olhem para as estrelas para entender melhor o que está acontecendo dentro de nós, gostaria que você imaginasse o estudo da astrologia como algo que funciona melhor na arena dos relacionamentos. Envolve colaboração, compreensão, compromisso, responsabilidade, limites e uma sincera curiosidade e interesse em se conectar profundamente a outras pessoas. A astrologia está presente em cada aspecto de nossos relacionamentos. Dessa forma, ao considerar as questões de compatibilidade dentro do contexto astrológico, aconselho que seus princípios sejam baseados nos conceitos de unidade e conexão, evitando a separação e a culpa. Embora, é claro, possa ser divertido reduzir as pessoas ao nosso redor a versões caricatas de seus signos do zodíaco.

No entanto, no que diz respeito à compatibilidade em sua expressão mais profunda, seja firme e aproxime o diálogo das dinâmicas dentro das relações com o resultado desejado — encontrar unidade e compreensão acima de tudo. Peça a outras pessoas que façam o mesmo. O mundo está ansioso por corações transformados pelo amor e pelo perdão.

O texto espiritual *A Course in Miracles*, por exemplo, lembra a todos que ensinamos pelo exemplo, não através de sermões ou proselitismo. Se você se considera um professor de astrologia e os temas universais e espirituais estão presentes no seu estudo, os alunos que precisam escutá-lo serão atraídos pela sua ressonância. É claro que carreiras como as de *coach*, palestrante, guru espiritual etc. tornaram-se incrivelmente populares nos últimos anos, em especial na cultura ocidental. Isso é bastante positivo, pois tem ajudado a expandir como nunca o acesso aos ensinamentos que são a base desses papéis. Entretanto, o trabalho que envolve assumir o papel de conselheiro costuma ser muito negligenciado ou minimizado. Se você vê a si mesmo como alguém capaz de seguir carreira como professor, pastor, alto sacerdote, alta sacerdotisa ou qualquer outra pessoa cuja função seja servir e ensinar outras pessoas, por favor, faça-o com o máximo de integridade. Você estará moldando e cuidando da psique de pessoas que confiam em cada palavra dita. Sendo assim, a natureza sagrada desses papéis exige muito entendimento e deve ser abordada com cuidado e disciplina. Ninguém virá até você quando tudo estiver caminhando bem. Por isso, você precisará ter forças para testemunhar — e transformar — a agonia alheia. Esse é um trabalho santificado. Por favor, respeite-o.

Por fim, e mais importante, agora que a astrologia está na sua mente e nas suas mãos, você deve integrá-la ao seu coração e à sua alma. Isso significa tornar-se uno. As ideias aprendidas neste livro são apenas objetos luminosos sem sentido se não houver integração. Por isso, transforme-as em matéria indivisível na sua mente e no seu coração para que, combinadas, transformem-se nas leis que regem o universo e sua vida. Com o intuito de atingir o máximo de suas capacidades, honre a necessidade de contemplação, oração e meditação de sua alma, auxiliando esses princípios a percorrer a jornada da cabeça até o coração, a fim de que você possa viver nas estrelas pelo resto da sua vida.

MANUAL PRÁTICO DA
ASTROLOGIA

AGRADECIMENTOS

Meu coração se curva em gratidão à minha mãe canceriana, Kathleen, e a meu pai leonino, Brian, que sempre deram o maior apoio a mim e às minhas crenças. À minha avó virginiana, que apontava as estrelas nos céus da Itália e, assim, mudou para sempre a forma como passei a enxergar a terra abaixo de nós. Aos meus primeiros amigos, meu irmão taurino, Brendon, que nunca fracassou na tarefa de me manter a salvo e de me fazer rir, e à minha irmã gêmea, Courtney, uma potência de mulher e minha heroína. À minha família estendida — tias, tios e primos: vocês são uma extensão do meu amor.

À minha editora capricorniana, Kate Zimmermann, que graciosamente me convidou para participar da família Sterling. Obrigado por fazer um sonho se tornar realidade.

A Stowell, a família real, pois minha vida como estadunidense mudou completamente devido à proximidade com Kent. Vocês representam o "Unido" do Reino Unido. E a Tansy, especialmente; o universo brilha uma luz radiante e violeta sobre ela, enquanto nos sentimos profundamente gratos por ele ter permitido que ela brilhasse sobre nossos corações e nossas vidas.

A meus mentores e à minha família de alma, Ophira e Tali Edut — sua maestria nas questões de astrologia e relações humanas causaram um imenso impacto na minha vida. A Maria DeSimone, minha madrinha astrológica, muito obrigado por todo o seu esplendor, compaixão e generosidade. A Samuel Reynolds, em sua honra, graças à forma como sempre lutou por inclusão e acessibilidade geral, nunca deixarei de construir pontes que possam unir as pessoas. Em profunda reverência, agradeço à forma como os ensinamentos de Marianne Williamson, em *A Course in Miracles*, enriqueceram minha vida. Você é uma inspiração para todos nós.

Por fim, a todos os meus amigos do zodíaco, vocês são a minha religião. Suas histórias, relatos e experiências compuseram cada palavra deste livro. Obrigado por dividirem seus testemunhos comigo. Este livro é minha carta de amor para cada um de vocês.

ÍNDICE REMISSIVO

A

Água, 48
Aquário, 31, 42, 45, 66, 73
Ar, 42
Áries, 31, 32, 57, 58
Ascendente, 95
Assistência astrológica, 94
Astrologia, 12
Astrologia Helênica, 14

C

Calendário solar cronológico, 30
Câncer, 31, 48, 57
Capricórnio, 31, 40, 57
Características: cardinais, fixas e mutáveis, 54
Cardinais, 57
Casas astrológicas, 14
Cláudio Ptolomeu, 14
Combinação heterogênea, 87
Combinação homogênea, 86
Combinação polarizada, 92
Combinação quadrante, 89
Combinação quincôncia, 91
Combinação sextil, 88
Combinação trigonal, 90
Compatibilidade, 84
"crença", 11

D

Décima casa, 100
Décima primeira casa, 100
Décima segunda casa, 100
Doze signos astrológicos, 14

E

Elementos do zodíaco, 28
Escorpião, 31, 48, 50, 66

F

Ferramenta, 8, 95
Fixas, 66
Fogo, 32
Força de Vontade & Autoexpressão, 22

G

Gêmeos, 31, 42, 74

H

Horóscopo, 10, 13

I

Influência, 9
Integrar a inteligência entre corpo e alma, 110
Intuição & Emotividade, 22

J

Júpiter, 24

L

Leão, 31, 32, 34, 66
Libra, 31, 42, 44, 57, 61
Linda Goodman, 16
Livre-arbítrio, 20
Lua, 19, 22

M

Mapa astral, 10
Mapas do amor, 84
Marte, 24
Mercúrio, 23
Mercúrio retrógrado, 20
Metodologia, 95
Movimento retrógrado, 20
Movimentos planetários, 7
Mundo externo, 82
Mundo interno, 82
Mutáveis, 74

N

Netuno, 26
Nodos, 105
Nodos de Áries & Libra, 105
Nodos de Câncer & Capricórnio, 108
Nodos de Gêmeos & Sagitário, 107
Nodos de Leão & Aquário, 109
Nodos de Touro & Escorpião, 106
Nodos de Virgem & Peixes, 110
Nodos Norte & Sul, 102
Nona casa, 99

O

O Sol e a Lua, 9
Objetos de estudo da astrologia, 19
Oitava casa, 99
Orquestra, 19
Os luminares e os planetas, 18
Os luminares, 22
Os planetas, 23
"ocidental", 8, 12

P

Peixes, 31, 48, 51, 74
Plutão, 26
Ponto cármico, 102
Posição, 10, 22
Primeira casa, 97

Q

Quarta casa, 98
Quinta casa, 98

R

Relacionamentos, 22, 23, 43, 99, 105
Ressurgimento do interesse pela astrologia, 16

S

Sagitário, 31, 32, 35, 74
São Tomás de Aquino, 15
Saturno, 25
Segunda casa, 97
Sétima casa, 99
Sexta casa, 98
Símbolos, 15, 41
Sol, 19, 22

T

Terceira casa, 97
Terra, 37
Touro, 31, 37, 66
Trabalhar com previsões, 96
Transição, 20
Transições sobre o mapa, 96
Trânsito, 97
Trânsito dos luminares e planetas, 96

U

Unidade e conexão, 115
Urano, 25

V

Vênus, 23
Virgem, 31, 39, 74

Z

Zodíaco Tropical, 14

COLIN BEDELL é gay, geminiano, tem uma irmã gêmea e nasceu na Costa Sul de Long Island, Nova York. É um apaixonado estudioso de astrologia, temas de crescimento pessoal e *A Course in Miracles*. É o primeiro de sua família a frequentar a universidade e um Provost Scholar no programa MA de Fashion Studies, na Parsons School of Design, onde foi convidado para ser o orador da turma na New School Commencement Ceremony de 2016, além de palestrar na Sister Giant 2017 sobre o tema "Astrologia na História Americana", em Washington, D.C. Escreve horóscopos semanalmente para a Cosmopolitan.com e colabora com o site Astrology.com. Você pode ler seu trabalho e agendar uma leitura com o autor no *website* QueerCosmos, fundado com a intenção de explorar todo tipo de identidade *queer*, astrologia e outros temas espirituais universais.

MAGICAE
DARKSIDE

MAGICAE é uma marca dedicada aos saberes ancestrais, à magia e ao oculto. Livros que abrem um portal para os segredos da natureza, convidando bruxas, bruxos e aprendizes a embarcar em uma jornada mística de cura e conexão. Encante-se com os poderes das práticas mágicas e encontre a sua essência.

DARKSIDEBOOKS.COM